高杨 著

文坛论见

中国当代文学家访谈

WENTAN LUNJIAN

ZHONGGUO DANGDAI WENXUEJIA FANGTAN

中国文史出版社

图书在版编目（ＣＩＰ）数据

文坛论见：中国当代文学家访谈 / 高杨著. -- 北
京：中国文史出版社，2020.12
　　ISBN 978-7-5205-2734-7

　　Ⅰ．①文… Ⅱ．①高… Ⅲ．①作家－访问记－中国－
现代 Ⅳ．①K825.6

　　中国版本图书馆 CIP 数据核字(2020)第 246331 号

责任编辑：全秋生

出版发行：中国文史出版社
地　　址：北京市海淀区西八里庄路 69 号　　邮编：100142
电　　话：010－81136602　　81136603　　81136606 （发行部）
传　　真：010－81136655
印　　装：廊坊市海涛印刷有限公司
经　　销：全国新华书店
开　　本：787×1092　　1/16
印　　张：14.5　字数：200 千字
版　　次：2021 年 3 月北京第 1 版
印　　次：2021 年 3 月第 1 次印刷
定　　价：49.80 元

目 录
CONTENTS

（按采访时间顺序排名）

严歌苓：一个理想主义者的理想

严歌苓，少年从军，二十岁从文。1986年出版第一部长篇小说，同年加入中国作家协会。代表作有《扶桑》《人寰》《白蛇》《少女小渔》《第九个寡妇》《小姨多鹤》《金陵十三钗》《穗子物语》《陆犯焉识》等。1989年出国留学，获文学创作艺术硕士学位。自1990年陆续在海外发表了近百篇文学作品，曾获得台湾地区和香港特区十项文学奖，在国内也获得多项文学奖。

2007年出版第一部以英文创作的长篇小说《赴宴者》。根据此部小说改编、并由其本人参与编剧的电影《少女小渔》《天浴》分别获得亚太电影节六项大奖和金马奖七项大奖。根据长篇小说《金陵十三钗》《陆犯焉识》改编、由张艺谋导演、冯小刚执导的影片分别参展柏林、戛纳电影节，以及多伦多电影节。小说被译为英、法、荷、意、德、日、西班牙、葡萄牙、希伯来等十七种语言。严歌苓现为好莱坞编剧协会会员，奥斯卡奖评委会终身评委。

金陵十三钗》首映后，我便一直给严歌苓打电话，但不是占线就是无人接听，每一次电话拨通，心跳得就像战前的鼓点。晚上十一点半，我再次拨打电话，终于通了。电话里传来她温柔的声音："对不起，一直都很忙，他们组织了一个会，也是谈电影和文学。哎呀，特别特别忙，真是不好意思……"

"还打算在国内待几天呢？"我忐忑地问，手里拿着订票卡，盘算着到底是不是明天一早就动身去北京。

"哦，明天一早的飞机，我就回德国了。"

"哦……"我颓然地扔掉了订票卡。

"我们这期是创刊号，是给青年人办的一本文学刊物，想采访您呢，请您跟我们的文学青年聊聊天。"我尽全力地挽留她。

"那我一定要接受你的采访。"她笑了起来，笑声优雅，"文学人都是不容易的，特别是年轻人，热爱文学是需要勇气的。"没想到，她居然同意了。

于是，两个女人，在深夜拿着发烫的手机，远隔千里，开始聊起了文学和文学的未来。

不想被改编成影视剧

高　杨：您的作品被改编成影视剧的非常多，您也跟国内一线的大导演几乎都合作过了，但我听说，您似乎并不是很愿意自己的作品被改编成影视剧。

严歌苓：嗯，这种问题说出来，人家会说我很"作"，但其实我认为文学就像芭蕾舞一样，并不是人人都欣赏得来。电影、电视，倒是个大众型的文化表达方式，不需要人为捍卫。但对于文学，我常常非常焦虑它的前途。文学其实应该是更前一个时代的一种艺术体裁，与现在这个时代有很多格格不入的地方。我们能做的，就是努力地去写，去延长它的生命，至少不让它被逐渐冷落掉。

至于影视剧对作品的二度创作，一万个导演就会有一万个看法，我已经接受了影视导演对我作品的进一步解读，我也尊重他们的看法和视角。我也常常想写出一部他们改编不了的作品。（笑）但是，总还是有很多被他们拿来改成影视剧，所以，我也挺纳闷的，哪些作品具有什么属性，可以改成影视剧，或者哪些缺乏什么元素不能改。

但作为一个作家，写小说和当编剧是两种工作。一个写小说的，天天写剧本，那时间长了是很伤害自己的。但是，文学现在又很尴尬，你有时不得不借助影视去推广作品，让更多的人通过看电影来追看你的小说。时代已经发展成了现在这个样子，是没有办法的。

高　杨：您觉得张艺谋导演对您作品的二度创作，令您满意吗？您也与李安、陈凯歌合作过，您觉得他们之间的区别和共同处是什么？

严歌苓：回答当然是肯定的。我以前说过，跟名导合作特别像跳舞，因为我自己是个写小说的作家，开始的时候，面对剧本完全不知道怎么下手。所以，只有引领我的人是优秀的舞者，我才能跳起来。

每部电影从小说作品改编而成，都要获得新生的。单把小说直接搬上银幕，肯定是不行的。至于各个导演的风格，他们各有各的vision（视野）。所以，同一部小说，他们各自的解读都不同。当然，他们每次也都让我很意外，特别是这次和张艺谋的合作。电影杀青的同时，他就已经剪完了第一版，我看了后就觉得挺震撼的，心里很踏实，觉得一定是有戏了。以前也跟李翰祥、陈冲合作过，他们的创作也特别令我意外。总之是高手的影视导演，一定会将你的作品解读出另一层深意，这也是我的收获。

陈凯歌是一位非常优秀的导演，与他交谈合作的时候，可以调动别人非常大的工作热情。他是一个非常懂戏的人，在电影方面他也算是我的一位导师。他对编剧的要求很高，当然他本身就是个非常优秀的编剧。所以，跟他合作很累，他总是要求你掏出更多、更新、更深层的东西来。但也是他，最能激发我的创作欲望。

我和张艺谋的合作从开始到最后都非常快乐，他非常随和，是一个很容易接近的人。他有一个"快乐"的性格，精力无限，常常开玩笑，讲各种各样的故事，有时候他讲的故事甚至会激发我去写一些东西。他是摄像出身，他要求剧本要有相当强的画面感。当然他也说我的剧本本身也有很强的画面感。所以，我跟他合作，很容易写出具有美感的场景和唯美的剧情。

我见到李安是在《色戒》的拍摄现场，当时我去探班陈冲。李安是个儒雅的人，他不爱说话，但说起话来却很坦率。创作《少女小渔》的电影剧本过程中，我们并没有见面，只通过电话沟通，应该说那是一次没有接轨的合作。后来电影是由他的副导演张艾嘉执导的，李安当时已经接到了《理智与情感》的导演项目，只能作为《少女小渔》的制片参与这部电影的制作。所以我一直非常遗憾，没有直接和他合作。

《金陵十三钗》并不是我最喜欢的作品

高　杨：对《金陵十三钗》这部戏来讲，有很多反对的声音。说这么一个大题材，却插入了一个女性的视角，并且，电影里充斥着香艳的镜头，是否是对这个国难日的辱没？

严歌苓：这部电影的最初创作初衷，是来自金陵女子学院教务长魏特琳女士的日记。她的日记里记了这样一小段，"日本人要带走一百多个女人，当时避难的二十多个风尘女子站出来了，使一些女学生没有遭到噩运。"所以，首先这个作品是非常尊重史实的。而且，正是女性和女孩儿的角度让我感到这是非常值得写的小说和剧本。

世界上的一些史学家把南京大屠杀叫南京大强奸。这场大屠杀的最后战利品是女人，这是事实，也是让全世界更震惊的一个史实，更是让我们重新考虑南京大屠杀的性质的一个重要参考。用这个女性的角度来写这个故事，我个人觉得非常好，因为那八万多女性是这场战争的最终牺牲品。

其实，要让我看，生命没有高贵或者不高贵的说法。面对一场血淋淋的、残酷的生与死的考验，没有哪一个生命是值得拯救，或者不值得拯救，站在死神面前，大家都是平等的。魏特琳女士一生都为自己当时的选择而感到纠结。

战争往往在一刹那间把选择放在每个人面前，不容思考，因此人们往往是以直觉来做选择。这就是每个人天性中的善恶比例，它作用于每个人的选择的时刻。战争的极致环境又往往使人性发生出人意料的裂变，低贱者或许变异出高尚的素质。我觉得那就是这些身份卑微的妓女们在魏特林女士的恣患下挺身而出，替所谓良家女子走向噩运的时刻，她们是英雄。

战争多年以后，魏特琳女士自杀了，大概因为人性被拷问是非常折磨人的。

高　杨：听说您这部小说创作过程本身就一波三折，后来电影版权还是张艺谋导演从别人手上买回来的，您能讲讲吗？

严歌苓：二〇〇五年，《金陵十三钗》的中篇出版，我的一个在美国的朋友买下了电影拍摄版权。二〇〇七年，张艺谋请我的责编周晓枫做他的文学编辑，周晓枫向张艺谋推荐了这部小说。张艺谋非常喜欢，辗转从我的朋友那里买到这部小说的版权。

后来，因为考虑到美国演员要看懂这个故事，张艺谋请我写了英文版的《金陵十三钗》。在写英文版时，我意外地得到了我的姨公公的一部遗作。他当时是国民党卫生部的军医官，负责把伤兵撤离南京，结果他自己没有及时撤出，被困在了南京，隐藏下来，记了一本日记。抗战后那本日记出版了，许多国民党高级官员为他写了前言和序言，包括白崇禧。那本日记叫作《陷京三月记》，里面记载的很多细节，都用在了我的小说里。

后来，我的经纪人把这个英文版寄给了其他国家的很多出版社，他们都很感兴趣，要出版根据英文版翻译的各种语种的版本。我觉得那个版本容量不够大，就又改成了小长篇。现在又有投资人请我写成电视剧剧本，（笑）老天，真是一鱼五吃，这五次写作差不多让我把《金陵十三钗》研究了个底儿掉。

说老实话，《金陵十三钗》并不是我最得意的作品，但它能带给大家这么广泛的讨论，我也是很高兴的。

我不需要转型

高　杨：有人拿您的《金陵十三钗》和《辛德勒的名单》相比较，并且确定地说中国是拍不出《辛德勒名单》这样的影片的，您觉得呢？以前的几部关于南京大屠杀的电影您如何评价？

严歌苓：《辛德勒名单》全世界只有一部。它是犹太民族对自己民族被迫害的这个历史不停地、念念不忘地追问"到底是为什么？"迫害他们的人必须要承认。以文学作品、纪实文学作品来写南京大屠杀那场浩劫，也是要让日本民族必须承认我们有这段历史。怎么说呢，拍出何种水平的电影，有时候也跟整个电影工业的成熟程度有关系吧。

至于以前，我们国家关于南京大屠杀所拍的所有电影来讲，我觉得客观地说；是大家的侧重点都不一样。所以，不同作家所看到的这场战争的角度也不同。没办法论短长的。

高　杨：听说后来刘恒完成了《金陵十三钗》的编剧，张艺谋又特别请您最后定稿，有这回事吗？对于电影里的女演员，您是不是满意呢？至少，是不是您心目中的那些人呢？

严歌苓：其实，我被张艺谋叫去的时候，刘恒已经完成了整个编剧，我看了他编的剧本，心里特别感动，很久都走不出来，我甚至觉得我无须再做什么了。但是，张艺谋要求我再加上女性意识和

女性色彩，等于让我给这个故事烫头发、穿高跟鞋。（笑）

至于演员，我倒没想过。只不过，我觉得张艺谋大胆启用新面孔，也是很有魄力的。而且，这些演员也都用得相当合适，否则没有那么多人流泪。显然是因为表演的对位，让人相信，才会落泪。《金陵十三钗》是部群戏，是由一组人物组成的。而这组人物，现在看来，都是成功的。我很确信我小说里的人物，就是电影上这些漂亮的女孩子。

高　杨：有人说您最新的作品《陆犯焉识》是转型之作，跟《金陵十三钗》相比，有一百八十度的转身。一是由女性的视角转向男性视角；二是整个人物的生活世界由一个历史时期转换成了另一个历史时期。

严歌苓：首先，我觉得别人给我的归类，比如女作家、女性作家，最擅长写女性的作家……这都是给一个作家不公平的头衔。我写过很多男性为主人公，或者男性口吻的小说。写女性多，也不能就叫写女性的作家。我就是个作家，跟性别无关。

让你这么一说，《陆犯焉识》与《金陵十三钗》反差也的确挺大，但倒也不是我刻意追求的。用张艺谋的话来说，"《金陵十三钗》着意表现灰暗世界里的那一抹粉红"，那《陆犯焉识》就是表现爱情世界里真实生活的残酷。

坦白讲，因为写《陆犯焉识》我有一点儿是想跟那种把女性作家归类成"女作家"的现象较劲，也算一次自我挑战吧。

写《陆犯焉识》需要做大量的实地考察和采访。家父和姑姑也给了很多帮助，他们做了很多回忆和笔记来帮助我。这部作品，我就想跟自己做几个较量，一是抗拒拍成电影，可是最终还是被拍成

电影了；（笑）二是要以男性口吻和视角；三是我头一次用电脑写作，真是太痛苦了。我再也不想用电脑写东西了。（大笑）

高　杨： 为什么用电脑写作会痛苦啊？您以前写作是靠什么呢？

严歌苓： 我喜欢用铅笔写作，汉字的魅力就在一笔一画之中。用笔尖摩擦稿纸的感觉是很有趣的。我喜欢用小格子的稿纸写作，这样自己写了多少字一目了然。并且，很有成就感，看着左边的稿纸低下去，右边的稿纸高起来，是很幸福的事。这次用电脑写作，因为我搞不清楚字数，一下子删掉了十万字。真是搞得我好晕、好乱。重申一次，我再也不想用电脑写作了。（笑）

高　杨： 您是一位女性，如何面对小说创作里的暴力、血腥、纠结，如何面对人生中的离乱、不幸？会抑郁和害怕吗？

严歌苓： 写作都是痛苦的，都是艰苦的，都是寂寞的。有意思的事也是在写作的时候苦中作乐吧。跟张艺谋合作很愉快，因为他这个人很随性、很平易近人、很幽默、很乐观。所以，虽然《金陵十三钗》是非常悲情的，但跟他一起工作的这一年，我时时都处在一种积极和快乐的情绪中。

你说小说中的世界，那不可能不影响到自己的心情。以前我在写作中非常抑郁，曾经三十多天都睡不着觉。现在我知道人生的悲剧性是不可逆转的，二十世纪二十年代弗洛伊德早就讲过了。但是，我可以用幽默、自嘲和豁达来写这些悲剧。

同时，写作也还是很幸福的，两相比较下，快乐还是比痛苦多。所以，我坚持了下来。当然，人都是在生活中的，你的见闻、见识，也会逼迫你慢慢认识生活的真相，这无所谓痛与不痛，也是事实。你接受或者不接受，都是需要面对的。职业作家，是能够有这样的心理准备的。我现在似乎要比过去更洒脱一些，这可能也跟我治好了失眠有关。一个长时期失眠的人，他眼里的世界必然是灰暗的、阴郁的。

自由是作家的生命

高　杨：您现在觉得自己写作面临的最大问题是什么？

严歌苓：我自己最怕写进一种套路里去。写作当然是自我的，但不能绝对自我，绝对极端。有的时候太自我了，容易写进一种套路里。一个作家写进了一种套路里，是蛮可怕的。一旦有人这么说了，你就要去试验自己的潜力，还有没有潜力去突破。我在台湾地区得了很多文学大奖，每一个大奖都给我一个很长的痛苦的困惑期，因为我不知道如何再突出这个重围。很累。

高　杨：上次采访您的时候，您还在西北大漠实地考察。当时是在为《陆犯焉识》做准备吗？

严歌苓：是的。这部小说费了我很大的精力，并且，我也准备了很多年。后来，连我的家人都开始催促我，我才下定决心开始。这其间有很艰难的准备期。《陆犯焉识》的原型是我的爷爷，而我并没有见过他，这就给创作带来了很大的困难。所以，需要很长时间，做很多工作来准备。

高　杨：我看过《陆犯焉识》这部小说后的最大感受，似乎是您对自由的阐释和反思。

严歌苓：是有这样的内容。自由这个定义本身就是对自由的一种妨害。真正的自由是属于一个人的内心的，没有人能给予，也没有人能剥夺。陆焉识得到了一份不自由的爱情和婚姻，他一直非常反抗这段婚姻。当他真的被驱逐到草原上去，成了一个没有身份、没有背景的"老几"的时候，看起来他真的自由了，摆脱了，可那时他才发现一直被自己所抗拒的这个妻子，才是自己的真爱。

所以，我觉得自由成为概念的时候，就不是自由本身了。知识分子往往有太多的概念，又往往被概念剥夺自由。同样，对于一个作家来说，最需要的是自由。文学和艺术是心灵自由最美丽的女儿。

我们家三代都是作家。我爷爷作为一个文人，在二十世纪三十年代的上海对能追求到人格的正直和心灵的自由感到无望，便对整个中国的文化生态环境失去了信心，在一九三七年国难的时刻彻底幻灭，因而在四十岁就自杀了。我父亲一生也是在各式各样的社会和精神束缚感中写作的，从来没有真正忠于过自己的内心，从小到大，尤其在他生命的最后阶段，我都能够感觉到他的痛苦。所以，我是三代人中最幸运的，一直在比较自由的氛围里写作。有了这种幸运，自己如何珍惜又是一回事：比如，是否诚实地写出每个句子，每处描写、每个比喻都恰到好处吗？是否矫情？我现在觉得写作最难的是准确，不过分，不欠缺，并且诚实。

严歌苓是健谈的，说起文学，更是言辞中流露出担忧。她说她是个理想主义者，为了坚守这块理想的文学天地，宁愿舍去很多虚华。她表面温婉，实际上常常会用温婉的态度说出决绝的话。

"啊，您这么温柔的人怎么会得罪人，我不信！"

"我真的会的，我猜那是我爷爷在我身上突然复活了。"

……

电话越来越烫，我却舍不得收线。因为对这个身材娇小的女子，我实在有太多疑问想要从她那个令人着迷的大脑里挖掘出来。

突然传来敲门声，有人来找她，此时已是深夜十二点多了。她要离开这个房间，去二十公里外的地方，那里还有一群人在等着她，北京的深夜是多么冷啊。

"没办法啊，明天就要回德国了，所以走前还有一堆事情要处理。对不起啦！"

呵呵，我要抓住最后一分钟。"最后一个问题，您现在住在德国，同是'二战'后的战败国，您觉得德国人对'二战'的态度如何？您作为一个亚洲人住在柏林，有没有不舒适的感觉。"

"德国人的态度很真诚，的确是反思和歉意的。他们这种反思的精神，我觉得可以确保他们以后不会再犯'二战'时的愚蠢错误。我在柏林很好，很自由，谢谢你们的访问。我在国外总是很想念国内的朋友，回来了又特别忙。"

随后，我们挂断了电话。优雅的、坚持的、倔强的严歌苓，又重新走入她自己的生活，而我却对着那发烫的手机发起了呆。

冯 婉 喻

—— 选自《陆犯焉识》

　　我祖母冯婉喻的眼睛长长的，介于双眼皮和单眼皮之间。眼睛的变换取决于她的睡眠长短、心情好坏。如果你看见她眼皮双得厉害，问都不要问就知道她头天哭了。她这双眼睛非常静，可以半天不动，你知道她的心也一样是静的，没有在想如何对付婆婆，如何整治佣人，如何跟丈夫多哆出几个零花钱。只有安享清福的女人才会静成那样。

　　那是我祖父受到报纸上的文章攻击之后。他在学校和各种会馆、俱乐部的日子冷清了许多。对此他也认了，只要做学问还有他的份，挣钱还有他的份，他宁可不去求助对手的对手，在他们的杂志上反攻。再说他习惯泡咖啡馆、图书馆，那里有的是陌生人的间接陪伴。一天晚上他回到家，口袋里放着两张梅兰芳来沪演出的戏票。梅兰芳的戏票非常难求，他是偶然买到这两张戏票的。下午泡在奥地利咖啡馆里，一个投机各种票券的俄籍犹太瘪三把戏票贩到他的桌上。当然这是比正当票价高许多的票子。假如凑上来的瘪三贩的是一块狐皮，或一个号称路易十六的水晶盘，或者一张吉尔吉斯的手织挂毯，贩到焉识的桌上，他多半也会买下来。有时候贩东西的瘪三前脚走，后脚就有人揭露焉识上了当，买了假货，或花了冤大头的价钱，焉识也只会跟着人一块笑自己的愚蠢。他不想跟人家说，买下假货第一是因为他陆焉识摆惯了阔，第二是他受不了瘪三们的烦。瘪三们为了把蹩脚货换成钱要那样造孽地讨好你，马屁拍到天上，焉识只有买下货色才能从自己眼前抹除一副可怜、可嫌的嘴脸。

揣着戏票回到家，婉喻迎到门厅来接下他的公文包，又给他脱下外衣。他想到外衣口袋里的戏票，便又转身回去取。这时听见恩娘在哪里说话。恩娘有几种说话腔调：女掌门人的，慈母的，还有就是此刻这种——一个病女人的。恩娘的病不少，心口、头、腰腿，两手心也有病痛。很多女人的病是她们的武器，恩娘最善于用这武器，一旦她自认为受了欺负需要反攻就拿出来使用。

"用不着吃党参了……没用的……吃了也是浪费钞票……焉识赚那点钞票容易吗？浪费到我身上我担当得起吗？……"恩娘显然听见了焉识进门，提高了嗓门。

焉识满可以不回来，咖啡馆可以是他的客厅，图书馆可以是他的书房、卧室。他换上婉喻给他摆好的拖鞋，看了看樱桃木的楼梯。此刻它是黄山或泰山或峨嵋最难登的一段。请安怎么都要请的，他拖着两脚登着樱桃木的险峰。

"恩娘。"他在门口唤道。

恩娘看看他，又看看自己两只手。

恩娘在三十二岁上得了这种抖动的病，一专注手就会抖，越想对准什么越对不准。但她又要坚持一半的独立自主，不愿别人替她划火柴点烟，而是让人替她掌住火柴盒由她自己拿着火柴，经过一再的瞄准完成打火动作。这天下午佣人都被她差出去办事了，身边唯有她四岁的长孙女丹琼。她给了丹琼一个即时培训，便将一盒火柴塞在女孩手里。两人的合作终于成功，但突然在自己手上冒起的火苗把四岁的丹琼吓得大哭起来。女孩一直哭到婉喻从街口买了点心回来。那是婉喻对婆婆开天辟地的一次不客气。她吊长脸把丹琼一把抱进怀里大声说开了话：不是孩子做的事情就不要让孩子做，四岁孩子的手不可以用来当火柴盒钳子！婉喻这两句话便让恩娘病痛得起不了床了。

焉识走到恩娘床边，坐下，从大个子降低成矬子，把床头柜上的党参红枣端起。这个场面在这间卧室里是老场面。焉识拿起细瓷调羹对恩娘说，党参还是吃了吧，都有错，党参没有错啊。

"错都是我的呀。"恩娘说，眼泪成了不值钱的珠子，一把把地撒。不然你们一家人家多好？偏偏多出我来！

焉识赶紧说，这个家没有恩娘哪里还是个家？多谁也不会多出恩娘您的。这是老场面里的老对白，每个人都要说的，不过谁说也没有用，最后还要焉识来说。

"怎么不多我呢？一块料子本来够一个人做件旗袍了，多出一个人只好做两件马甲。"

这也是老词，每次在这个老场面里都要拿出来说的。指的是焉识刚从美国回来的时候，从箱子里拿出几块衣料。错出在他不会给女人买衣料，每一块的尺寸都尴尬，做两件不够，做一件又宽裕。他把两块颜色亮的给了婉喻，剩下暗颜色的给了恩娘。恩娘当时便咯咯直笑，说焉识怕自己有个年轻恩娘难为情呢。婉喻立刻把自己的鲜艳料子让出来，两块料子裁了四件马甲。但已经太晚了，这事在恩娘心里落下了病，一怄气它就发。

焉识这时笑着跟恩娘打棚。马甲多好啊！恩娘穿什么行什么（此地行念 hang，流行的意思），这两年上海女人才行马甲，落后您恩娘好几年！

恩娘事事跟婉喻比，事事要占婉喻的上风。三个人乘汽车出门，婉喻只能坐在司机旁边，后面的座位是焉识陪恩娘坐的。现在他油腔滑调，跟年轻的继母胡扯，不但让她占婉喻的上风，更让她占全上海女人的上风。恩娘噘起嘴，嗔他一眼。焉识知道他此刻的身份是多重的，是继子、侄女婿，最重要的，是这个孤寡女人唯一的男性伴侣。他不在乎恩娘那一眼多么媚，多么抹杀辈分甚至体统。恩娘暗中想在他身上索取什么就索取什么吧，恩娘是被牺牲到陆家的，总有人要承担这份牺牲。

焉识再次把党参红枣端起，一面说他要去责问婉喻，一面就要把调羹往恩娘嘴里送。眼泪把恩娘的脸弄成了出水芙蓉。这就是恩娘要的：不平等，不公道。她就该得到偏心偏爱。一个不幸的中年寡妇，连自己亲生的儿女都没一个，你要她跟别人——比如跟婉喻讲平等公道，那才正是不平等不公道。

焉识下了楼，在厨房找到婉喻，对她说，来一下，我有话跟你说。婉喻也受惯了不平等不公道。一到这种时候，她对自己受气包的角色无条件接受，准备丈夫一叫就上楼去赔不是。

"喏，这是两张票子。梅兰芳唱的戏。你收起来。"焉识把两张票塞进婉喻有点潮湿的手里。

"恩娘去吗？"

焉识叫她不要告诉恩娘，他已经受够了一块衣料两件马甲的累。

　　此刻他们在厨房和客厅之间的走廊，没有开灯，光亮借的是客厅和厨房的。婉喻刚要说什么——也许想说"听说票子老难买的"之类的话，焉识制止了她。楼梯上的脚步是绣花拖鞋套在解放脚跟拉出来的，恩娘的病痊愈了一大半，此刻下楼来指导晚餐烹饪了。

　　焉识做了个动作，同时使了个眼色。很微妙的动作和眼色，但都不是陆焉识的，是他从别人那里搬来的——从那类瞒着长辈跟女人生出情事的男人那里搬过来的。婉喻先是错愕，然后便看了丈夫一眼。

　　那就是我祖父陆焉识后来总是品味的眼神。那就是他发现妻子其实很美很艳的时候，起码她有美得耀眼的瞬间。

　　恩娘到达楼梯下的时候，焉识和婉喻已经分头走开了。焉识走到客厅，拿起一张两天前的报纸，人藏在一大版赌赛狗赌赛马的广告后面。婉喻很谨慎，没有进到客厅来。晚餐时婉喻隔着一桌菜又看了焉识几眼。陆焉识心都跳快了。他刚才的行为还像一种男人，那种不得已在妻和妾之间周旋的男人。但婉喻是知足的。女人似乎都更愿意做暗中的那位。

　　看戏那天晚上，焉识直接从学校去了戏院。天下小雨，他老远看见婉喻两手抱着伞柄，伞柄给她抱成了柱子。他没有问她找了什么借口向恩娘告假的。事情进行到这个段落，他已经满腹牢骚，又无从发泄，当婉喻迈着微微内八字的解放脚，溅起雨地的水花向他跑来时，他答对的便是一张牢骚脸。似乎三个当事人都有些不三不四。坐在座位上看戏的时候，他心里的牢骚往上涨，连胳膊肘都不愿碰到婉喻。当初你姑母让你婉喻嫁过来你就嫁过来吗？她让你做一把锁住我的锁你就做吗？现在看看吧，锁得最紧的是你自己。婉喻却是满足的，静静地做一个好观众，能在梅兰芳的戏台下作观众很幸运，而坐在自己博士丈夫身边作梅兰芳的观众更是幸运，她静静地享着自己的福分。

一直到两天后，焉识才知道婉喻为了跟他看那场戏扯了什么样的弥天大谎。她跟恩娘说自己的母亲病了，从吴淞老家送到上海的医院来看病，所以她要去医院看母亲。她钻的是恩娘和自己母亲姑嫂不来往的空子。司机告诉恩娘，前天晚上送少奶奶去的不是医院，是戏院。从戏院接回来的不止少奶奶一人，还有焉识少爷。婉喻和焉识撒谎的资历毕竟太浅，而且对最该听谎言的一个下人说了实话。司机总是漫不经意地告诉你你不在场时发生的事。他就这样漫不经心地把小夫妻俩雨夜看梅兰芳唱戏的事告诉了恩娘。因此焉识这天在课堂上就接到门房通知，要他尽快给家里回电话。

接电话的是婉喻。焉识马上知道出事了。婉喻从来不接电话，电话在恩娘的牌九桌旁边。

"恩娘走了。"婉喻说。她倒还是静静的，背景里一片哭叫，四岁的女儿和一岁半的儿子被恩娘的走吓哭了。

焉识问婉喻，恩娘走到哪里去了。大概是恩娘三舅妈家；恩娘在上海就一个亲戚常走动。肯定是三舅妈家，三舅妈爱吃北京柿饼，恩娘走了，一包北京柿饼都不见了，总是去三舅妈家了吧。焉识嘴上狠，让她走，让她作，作死人了！婉喻不说话，知道他是嘴上狠，到了晚上狠劲就发光了。晚上九点多，婉喻把恩娘接回来。恩娘挺胸昂首走在前面，婉喻走在后面，童养媳的身姿，步子更加内八字。

"不回来一趟不行啊。搬出去长期住，总要理几件行李带走吧。"

恩娘一边自圆其说，一边往客厅里走。

焉识和婉喻都老老实实在她身边跟着，听着。

恩娘在沙发上坐下来，看着自己面前的地面说，还不晓得吗？早就多你了，你不识相，一定要赖在这里，害得人家正经夫妻不好做，半夜三更出去做野夫妻，宁可给雨淋。要不是你，人家会做这种不要面孔不要体统的事吗？这是读书人家，哪一辈做过这种不作兴的事体啊？这么大的房子，楼上楼下，你挤得人家没地方蹲，花那么多钱买票子到戏院里去亲近，还不晓得自己多余吗？

焉识和婉喻都不说话。焉识从来不想赢恩娘，他输惯了。

恩娘一面说一面落起泪来。不就是两张戏票么？这么小的事她都不配听一句实话？她都不配焉识多花几块钱，一块带去看戏？

焉识说票子如何难买，等再买到票就请恩娘去。下回一定买两个好座位，不像上回，跟婉喻坐到门边，两人把脖子也看歪了！

于是焉识陪着他年轻的继母，把一模一样的几折戏又看了一遍。

那几天焉识跟婉喻的房事多起来。他们在暗中紧紧团结，孤立恩娘，反抗恩娘。恩娘什么都要跟婉喻争，总有你争不到的。不是什么都可以做衣料，你一半她一半，总有你没份的东西！枕头边上，他跟婉喻说，下次出门跟他约会不要坐家里的汽车，到路口再叫差头。黑暗里婉喻嗯了一声。过了一会他又说，这不是怕恩娘，其实倒是为恩娘好，否则一个不懂事的外婆闹给小孩们看见有多难看。婉喻又嗯一声。再过一会，他前面说的又都不算了，他说他确实怕恩娘，她的可怜身世让他怕她。婉喻向他侧转身，柔软得如同一团面，他的手他的胳膊就是模子，把她一会捏成一个形状。他们像是在偷情。偷情是恩娘逼的，然而这一逼迫婉喻可捡了大便宜，不然焉识会给她那么多肌肤亲密？

"我晓得，假使恩娘不是这样厉害，您会待我更加好的。"婉喻说。

原来恩娘的存在对他焉识也有利！原来在这个怪诞的人际关系中他也捡了便宜！他一直在利用恩娘的逼迫——无意中利用——让妻子对他的冷淡敷衍有了另一番解释。他花五分气力做丈夫，在婉喻那里收到的功效却是十二分。什么都可以推在恩娘身上；都是因为恩娘挡在他们中间，使他不得不对她藏起温柔体贴甜蜜。不然陆焉识好得婉喻都想象不出，消受不了。

婉喻的生日是12月15日，恩娘早早买好寿面，亲手做了四冷六热一桌菜，又买了一块苏格兰格子呢做礼，让婉喻做件短大衣。她对婉喻可以千般宠万般爱，既做姑母又做婆婆，好几重慈祥集于她一身，做得周到详尽，不留一点空间让别人填补。更没有留空间给焉识填补。焉识其实是把妻子的生日忘得干干净净。那天晚上他在外滩的一家酒吧，写一篇文章写入魔了。他回到家时，全家都睡了，只有恩娘还等在客厅里。恩娘笑嘻嘻地说，要是他没有吃晚饭还有寿面，可以给他现煮。他这才明白恩娘笑什么。他不拿妻子的生日当回事，她在看笑话。母子独处的时候，恩娘宁愿相信焉识也不拿做丈夫当真。

他在第二天去了沙利文买了一块奶油蛋糕，又去了一家首饰行，买了一对珍珠耳环。珍珠不知真假，但样式是适合婉喻的。其实适合不适合他也无所谓，主要是对自己的毁诺和失礼做一点弥补。

晚餐桌上，他把蛋糕切开，又把小盒子打开，让婉喻看看是否喜欢这副耳环。

"哦哟，倒是有心的！阿妮头那条淡粉红旗袍就缺一对白珠珠配呢！"恩娘说。

他听出恩娘的痛苦和寂寞。那是多少温爱也填不满的寂寞。寂寞和痛苦在恩娘这里从来都会变成别的东西，变成刁钻、刻薄，变成此刻这样的酸溜溜。

婉喻的眼神打了一道闪电。焉识再次发现婉喻可以如此美艳，有着如此艳情的眼神。她在感激他所给予的，同时提醒他，他们要为此吃苦了。但她是情愿吃这份苦的，这份苦她是吃不够的。

果然，接下去的日子，两人开始吃苦。婉喻出门给孩子买奶糕或者买绒线，回到家恩娘便会说，小夫妻喝杯咖啡，不要匆匆忙忙的嘛，家里又没有人让你们牵记。婉喻不辩争还好，一旦叫屈说没有啊，哪里会去喝咖啡呢！恩娘会笑笑，你急她不急，说喝也没关系啊，又不是跟陌生男人喝。婉喻假如来一句：真的没有喝呀！恩娘笑得会更大度：哦呦，还难为情啊？小夫妻亲热，恩娘只有高兴喽。婉喻若还有话回嘴，恩娘就会不高兴了，说怕什么呀？怕恩娘跟了你们去轧闹猛呀？我还没有那么贱吧？婉喻到这时简直要给恩娘磕头捣蒜了，而恩娘还会乘胜追击：你们两口子何必呢？这样把我当瘟神躲避！放心，将来我就是病得不好动了，也不会麻烦你们的，爬也要爬出去，寻个清净地方去死的！

焉识偶然跟婉喻在客厅里碰上，恩娘就会故作惊慌地赶紧从牌九桌前站起，一面满嘴道歉：对不起对不起，马上就走，一辈子顶怕自己不识相，还是不大识相！

焉识在图书馆和咖啡馆里泡的时间越来越长。他完成了一篇篇学术文章和消闲随笔，但发现刊登文章也不再是乐事。就连最纯粹的学术文章刊登之后也会引起这一派那一派的争执，他总是不知道自己怎样就进了圈套,糊里糊涂已经在一场场文字骂架中陷得很深。上海天天发生文字战争,文人们各有各的报纸杂志做阵地,你不可以在他们中间走自己的路。但焉识还是尽量走自己的路。家里他是没有自由的。因此他整天混在外面。外面他还有什么? 也就剩这点自由了。

一天晚上他和婉喻谈起这种失去自由的恐惧。婉喻意外地看着他。其实话一出口他就在心里对自己哈哈大笑了。假如婉喻能够跟得上他这种思路,就不是婉喻了,他也不会觉得她楚楚可怜,跟她结婚。婉喻没说出来的话是:你不自由吗? ! 你还不自由吗? ! 他想,婉喻真是可怜,还不如他,他到底有过自由。她连他曾经那点自由都从没拥有过。

第二天早晨,恩娘在饭厅里吃早饭,婉喻站在旁边,给两个孩子把油条剪成小块。焉识走了进去。他向恩娘道了早安,问了睡眠,关怀了胃口,然后话锋一转,说很快他要出门去参加一个会议,三四天时间,恩娘一个人要保重身体。婉喻的剪子大张着嘴,停在手上。恩娘问,婉喻也去? 对的,与会者的夫人都去。婉喻跟那些夫人说不来的! 恩娘,什么样的夫人都有,总有婉喻说得来的。

焉识一口一口地喝着咖啡。恩娘依旧吃她的泡饭、酱菜,银筷子轻轻敲在碗边上,碟子沿上。焉识和婉喻都听着她敲。

“正好,阿拉一家门都去!”恩娘的银筷子敲了一会儿木鱼,敲出点子来了。“两个小人和我,大家一道出去玩玩,难得的! 焉识是洋派人,要度蜜月的对吧? 跟阿妮头结婚辰光太紧,蜜月都没有度。现在大家陪你们度!”

“学校没这笔钞票邀请啊……”

"这点钞票恩娘还出不起？我请客。两个小鬼头的钱我来出好了。平常你们看恩娘精打细算，钞票捏得老紧，省出钞票就是在这种辰光用的呀！"

似乎是他们的车子发动了，恩娘绝望地吊在车门上。

"外婆带你们出去玩，跟爹爹姆妈一道去，要去吗？"恩娘对两个孩子说。

恩娘在孩子们里很得人心，孩子们马上说要去的。

焉识想突然袭击，却发现自己反而被伏击了。他马上说，这个会议邀请夫人们参加，不是邀请她们去玩；课题是教育心理学，这个课题夫人们比教授丈夫们还要有学问！他一边说一边恶心，自己把三辈子的谎言额度都用了。恩娘很清楚他在撒谎，笑笑说，是吗？……也好的，你们小夫妻陪着我这个人，闷煞了，也该闲云野鹤一下了。

"恩娘，我不去好了。"婉喻说。

她对焉识一笑，表示他的心她都领了，为了带她出门，补一次蜜月，他不惜当着长辈、晚辈红口白牙地撒谎，毁自己的品行。他有这份心比真度一次蜜月都好，好百倍。

焉识说婉喻不可以不去。同事的太太们都去，大家会想陆焉识是什么人？难道脑筋这么老法，只把太太留在厨房里？要么就是有个小脚太太，拿不出手。

婉喻说："恩娘一个人在家领两个小人，吃不消的。"

恩娘说："阿妮头，好啦，去吧。吃不消也要吃。恩娘就这点用场，领领小人，烧烧菜，不然就更加吃白饭了，对吧？"

婉喻还要说什么，焉识瞪了她一眼。焉识在家里从来不跟谁瞪眼，跟谁他都不一般见识，也就犯不上瞪谁。再说他一般是人在家心不在家，女人间、主仆间的事他至少错过一半，所以什么也烦不着他。他的坏脾气只在自己心里发，给人看的都是随和潇洒。

他是硬把婉喻带走的。或者说，婉喻那两天的自由是他硬给她的；那风景恬淡、有山有水的自由。他们没走多远，乘了一夜的船漂到无锡。到了太湖边他已经心绪惨淡。早晨下船时虽然没太阳，还有一点太阳的影子，到中午倒来了雨。两人闷在旅店里，碰哪里都碰到一手阴湿。原来没有比冬雨中的陌生旅店更郁闷的地方，没有比这间旅店的卧房更能剥夺婉喻自由的地方。对于他，冬雨加上旅店再加上婉喻，他简直是自投罗网。

焉识的沉默在婉喻看来是她的错，于是没话找话和焉识说。焉识发现，可以跟婉喻谈的话几乎没有。解除了来自恩娘的压力，他不知道该拿她怎么办。

第二天早上，婉喻说还是回去吧。他问为什么，来都来了，恩娘也得罪了。婉喻笑笑，说不是已经来过了吗？她实在不放心恩娘和孩子。他知道她其实是不知怎么对付他。他们隔壁就是一对年轻男女，借着雨天烫酒下棋，楼下他们也碰到一对上海夫妇，坐在饭厅赏雨品茶，好像就因为小旅店的陌生，茶也好了雨也好了，连粗点心也比上海好了。焉识和婉喻却做不了他们，似乎就心焦焦地等着雨停，停了就要赶路去哪个好地方，或者雨停了两个人可以相互放生。

焉识同意当天晚上乘船回上海。这一来怪事发生了：两人都松了口气，都自在起来。雨也好了茶也好了，他们开始觉得要抓紧时间品评，抓紧时间度他们最后的几小时。甚至他们也发现了小屋的可人之处：墙上的画是真迹，手笔不俗；做橱柜的乡间木匠是有品位的，一定喜欢明代家具；床也是好木头好雕工，床头柜上还有旅店送的一瓶加饭酒。

1936年12月底的那个下午，对陆家是个重要日子，因为我祖父和我祖母在这个旅店怀上了陆家的第二个博士丹珏——我的小姑。

在三个孩子里，唯有丹珏是她父母激情的产物。在旅店的雕花木床上，我祖父浑身大汗，我祖母娇喘吁吁，最后两人颓塌到一堆，好久不动，不出声。日后我祖父对这次经历想都不敢想，因为他不想对它认账。他们回到家很多天，他都不看一眼婉喻，有一点不可思议，也有一点上当的感觉。可是又不知道上了什么当，是谁给了他当上。

我祖父朝着大荒草漠外走去的时候，是想到了1936年那个绵绵冬雨的下午的。但他知道那个淌着激情大汗的人不是他，是一个醉汉。也就是说，让他男性大大张扬的不必是婉喻，可以是任何女人。就像在美国那些以小时计算的肉体撒欢，快乐之一就是完全没有后果。应该说他上了酒的当，婉喻上了他的当，把那个醉汉当成焉识了。

李敬泽：不必为文学的未来担心

李敬泽，1964 年生于天津。评论家，散文家。毕业于北京大学中文系，曾任《人民文学》主编，现为中国作家协会副主席，中国作协书记处书记。著有评论集《为文学申辩》《致理想读者》《会议室与山丘》等，散文集《会饮记》《咏而归》《小春秋》《青鸟故事集》等。曾获由《钱江晚报》和浙江省新华书店共同主办的春风悦读榜白金图书奖、华语传媒文学大奖年度评论家奖、第四届鲁迅文学奖文学理论评论奖、十月文学奖、华语传媒文学大奖年度散文家奖、第五届琦君散文奖作品奖等。

西安的二月，春寒料峭。下班了，我还独自坐在办公室里等待李敬泽的来电。通过邮件联系了好几次，每次他都非常客气，但从来都没办法守时、守约接受采访。原因很简单，他太忙了。

已是傍晚七点半了，我忍不住先打电话给他，立即遭到被对方挂机的厄运，遂发短信：李老师，看来今天您还是很忙，我只得明天一早再打扰您了，只是杂志出刊在即，不能再拖，抱歉。数分钟后他回短信：高杨实在对不起，突然出差，现在还在开会，明天，明天一定完成任务。

语言的民主不可阻挡

高　杨：您在自己的著作《小春秋》中引用了很多经典，足以见得您对中国古文化的热爱。但同时，您又不断强调，中国文化发展变化的必要性和必然性。对文言文，与多种层面进化发展的现代语言，您更能接受哪个？或者，您认为这两者之间，是否有矛盾的地方？

李敬泽：传统文化也不是五千年来就一直放在那里的，是传家宝，不能动。传统自身也是不断变化的，春秋和明清差别就很大。中国十九世纪中期以后面临一个现代转型问题，所谓"三千年未有之大变"，语言不可能不变，而且语言的变是首当其冲的问题。旧瓶装不了新酒，现代经验溢出了文言文的表达限度，这就像欧洲文艺复兴运动，用世俗的民族语言，英语、法语、意大利语等取代神圣的拉丁语，这是"必须滴"。有脑子的人都会明白这个，现在大家在那儿替文言文哭丧，不过是"发思古之幽情"，而且他还是用白话文哭。

高　杨：那作为一位文学从业者，您听得惯那些新生的语言吗？比如说那些"囧、汗、倒"啊？

李敬泽：我的耳朵没那么娇贵，听不惯多听几遍不就听惯了吗？

高　杨：您的态度倒是很包容。

李敬泽：这不是包容不包容的问题，你不包容又怎么样？防民之口，甚于防川，语言的民主，不可阻挡。过去，似乎作家、教授和领导有权甄别语言，叫作"维护语言的纯洁性"。我们的生活本来就不纯洁，生活里你也不能取消厕所，你怎么就那么有信心可以做到让语言纯洁？再说语言纯洁不纯洁谁说了算？谁有这个权力？不是说一切权力都不好，不是说语言，特别是文学语言没有高下之别，而是在语言这件事上，说这种语言的人一人一票，都有自己的权利，都有我口说我心的创造之权。网络的一大好处，是把这个权利还给了普通民众，由此我们也看到了创造力的极大迸发，人民群众创造历史，首先体现在人民群众创造语言上，"汗"就"汗"呗，也许"汗"一阵子就不"汗"了，用得着大人先生们那么焦虑？你与其那么急着管别人的嘴，不如自己把话说好，说你认为好的语言，让它更有竞争力。

高　杨：那您的意思是不是说，现在进入了一个语言公共化的时代。所以，语言的多元化多层面的发展是不可逆的。

李敬泽：是的，而且我觉得这是件特别好的事情。你说咱们白话文运动是在忙什么呢？白话文运动、新文学运动是在忙一件事，就是让每一个人成为公民。而先决条件就是建立现代的民族语言，让大家可以在一个语言平台上对话。在此之前，老百姓说的话不算话，只有经过特别训练、特别选定的，拿到了秀才、举人、进士学位的人，他们的话才算，才是人话，才能放在桌面儿上。引车卖浆者流的话，都不是人话。你们几个说黑话，搞小圈子，不让这屋子里绝大部分人听懂，那么你那个黑话再高雅，它也应该取消。白话文运动，就是在做一件事，就是要把语言的权利还给民众。

在传统的文化形态下，民众在语言中的作用，常常是很难体现的，语言必定会逐渐精英化。你受过训练，他没受过训练；你写的文章能发，他写的不能发；你手里有唛，你就比他有发言权。现在，网络大大地加速了语言的民主，当然可能很多时候粗俗、粗鄙，可以举出很多令老先生们愤怒的现象。但话说回来了，从古至今，语言任何时候都不是一潭清水，就像生活从古至今也都不是一潭清水一样。

我们正在经历着剧烈的变化，无论是面对世界，还是面对内心，我们的语言都是不够用的。无数新的经验、新的感受，都需要表达。那么，所有的人都参与进来，都兴致勃勃地丰富、拓展和创造，这当然好。

笨办法也许最能保存文明

高　杨： 现在纸媒特别不景气，比如杂志、报纸，都很艰难。您觉得纸质杂志会不会被手机报、网络刊物等电子杂志取代？

李敬泽： 从大的趋势来讲，我相信以后的主流会是电子阅读。但是不是说，以后纸媒就不存在了？我觉得也未必。人性没有那么简单。我们有麦当劳，我们还是会吃羊肉泡馍，虽然有很多更便利、更时髦的食品，但我们还是要吃羊肉泡馍。（笑）

问题不仅在于口感和营养，这里头还包含着一大套的文化记忆和生活习惯。人类的生活不是单纯的进步过程，现在有很多人还在写毛笔字，你不能说这个就是无用的，情况不是那么直接和简单。

新闻出版总署署长说过，电子媒介也有问题啊，制式转换那么快，一九九〇年的电子文件就读不出来了，得找专家来帮你才能读出来。但一本书不同，一本一九九〇年的书，你随时都可以拿起来读。一些笨办法往往能更能有效地保存文明。总之，纸媒是不是会完全消失，现在还言之过早。

高　杨： 看来您对纸媒的未来并不悲观。

李敬泽： 至少我不认为办杂志的人会没有饭吃，也许还有新的机会。在国外，杂志无数。香港那么一座城市，杂志上千种。就是因为杂志可以面对细分的小市场，比如钓鱼杂志，也会分为海钓杂志、河钓杂志，等等。反而像美国《读者文摘》《新闻周刊》这样的大众刊物面临着很大的危机。

但如此细分之后，在传统的纸媒市场上，你很难抵达你的读者。比如《延河》办得很有特点，也许能让全国两万名读者喜欢。但作为纸媒，你要抵达你的两万名读者，这个难度和成本就很大。你忙活了半天花了很多钱，可能只找到了两万人中的十分之一。比起来，电子杂志可能就较为容易。

当然现在电子阅读的模式还不很清晰成熟，但总之我没有什么恐慌感，电子阅读给我们提供的是机会，而不是末日。

高　杨：二〇〇五年以来，就有很多人说"中国纸媒开始进入冬天啦"。二〇一二年刚一开年，就又有人说，"纸媒进入严冬啦"。近几年，体制内的文化事业单位又经历了文化事业单位改革。文学杂志、报纸副刊需要自谋出路、自己造血。而文学刊物的造血功能又很差。作为文学杂志的从业者，大家之前还觉得虽然清贫，但至少很安稳。二〇〇九年以后，文学杂志纷纷走出体制，压力突然变大。您觉得未来的文学刊物会是什么样子？

李敬泽：我不知道，我真的不知道。总的来说，期刊改革是一定要改的，具体到每个地方在改革过程中也有不同的考量。有的地方就把本地重点的文学期刊，划到了公益性事业单位当中，有的地方就改企。

文学杂志的主编，就跟穷庙的方丈似的，为了生存四处化缘。（大笑）这里的原因很复杂，平心而论，现有的杂志都承受着很多过去积累下来的问题，否则也不至于这么困难。如果陕西省真的就这么一份文学杂志，交给你们三个人办，我还不信，你们仨连自己也养活不了。也可能办得很好，发不了十几万份，也能发个一两万，负担也很轻，也不至于存活不下去。

现在正处在转型过程中，具体会怎么样，我也不知道。就像《人民文学》，我告诉我的同事们，你们不要怕，好好做你们的事情，钱不是你们考虑的问题，你们要考虑的就是如何把杂志做成全中国的NO.1。我还不信了，我办成最好的杂志，还拿不到钱。（大笑）所以说，这么多文学期刊，就有一个办出自己特点的问题，你的细分市场在哪儿，与其他文学期刊相比，核心竞争力在哪儿。总要给读者一个理由，不买别的，非要掏钱买你的杂志。在这方面，文学期刊下的功夫不够，资源和基础或许有异，但办刊的思路都是差不多的。

话说回来了，文学杂志确实需要政府和民间的支持。也不是我干什么吆喝什么，而是，从文化发展的格局来看，从文学在文化中的作用和特点来看，需要一定的支持。它和电影不一样，电影是大众市场，一定会充分地聚集资本。而文学，固然有大众市场的层面，但它也有细分市场的层面，没什么商业价值，但具有重要的文化价值。在西方，绝大部分文学杂志也都是社会支持的，比如基金会、大学。就中国的具体情况而言，各地的文学期刊应该是一个公共文化平台，是一个地方基本的文化设施。以前在接受《华商报》采访时，我也谈过这个问题。比如陕西，按人口和幅员，放在欧洲，就算是个大国了，咱们就说它是秦国吧，秦国居然没有一份文学杂志？长安居然容不下一份文学杂志？假设陕西没有《延河》，又会如何呢？也许就没有陈忠实，没有贾平凹，没有路遥。对于陕西，有些东西就会真的失去了。

文学杂志是作家成长的重要平台

高　杨：那其实您就已经探讨到文学杂志和作家的关系了。

李敬泽：文学杂志和作家是有密切关系的。尽管现在你可以凭借网络发表作品，网络上也冒出了不少人。但无论是中国还是外国，无论是现代还是当代，杂志都是作家成长的基本平台，这个功能至今也没有消失。

现在很多城市热衷于盖大剧院什么的，这当然很好。但是你可以想想《延河》在过去五六十年时间里，对于陕西文化的发展起到了多么重要的作用，一本文学杂志，它对一个地方文化生活的长远影响不一定比大剧院低，成本却比大剧院低得多。

所以推动文化发展，还要遵从文化的特性，文化不是砸钱就能砸出来的。我们现在是路径依赖，一说搞文化，就想着花大钱、盖大楼，但小钱不肯花，润物细无声的事不肯做，你一个文学杂志，再怎么折腾，也搞不出多大响动来，不刺激。可文化创造说到底，它就是小成本的，是寂寞无声的，应该对文化的这一方面给予更多的关注。

高　杨：文学的评奖对作家意味着什么？茅奖的实名制投票还会坚持吗？

李敬泽：实名投票会坚持，因为大家公认是成功的。说到底，评奖是为什么呢？就是要给文学一个公道，给作家一个公道。去年媒体谈论那么久，但很少有人认为那些作家不该获奖，那些作品不该获奖，在这个意义上，我们的目的是达到了。

高　杨：这种评奖方式压力是挺大的。

李敬泽：这个肯定是有压力的。评出来的，是实至名归；评不上的，也有很好的。很多人取笑说，"你看你张罗这么个事儿，评上的不感谢你，评不上的生你的气。（大笑）"但我觉得做了一件很有意义的事情，评奖的公正性，对建立一个健康的文学生态是至关重要的。

宣布文学已死最没创意

高　杨：我们身边有很多人总是哀伤地发出感叹，说：文学已死。当然了，还有另一部分人认为，文学从来没有像现在这样繁荣，多层面、多元化地发展。您觉得这两种说法哪一种更正确呢？

李敬泽：说文学已死很不新鲜，十九世纪就有人说文学已死，小说已死。五四运动时，更是有一批人如丧考妣，说中国文化已死。最没有创意的就是宣布文学已死。（笑）

人不是也得一死吗？每个事物都是向死而生的。我们此时此刻这么忙，也都是要走向死亡的。我看大家也没因为要死而等死，不是都活得兴致勃勃吗？与其天天哀叹文学已死，不如想想文学如何能更好、更有力地存活。在生命的终点的对照之下，对抗虚无，好好活着，这也是生存的本质。

真正的要害，是在我们的心里文学是死是活。所以，说得刻薄一点，那些断言文学已死的人，是文学在他自己的心里已死。如果在我们的心里，文学还没死，在我的心里、在你的心里文学没死，文学就不会死。

人类的社会生活，从来不是为文学准备的。哪个时代都不是专门为文学家设计的，如果那样也很可怕。任何时代的文学家们都会焦虑，都会时常怀疑自己写作的意义，就算是李白、杜甫，也活得不如意。杜甫还想当国务院总理呢，对吧？也没人理他。（笑）

高　杨：那您觉得文学于各个社会、各个时代，它的意义和价值到底在哪里？

李敬泽：文学指示着人类生活中重要的精神向度。平心而论，一个社会，从它功能上看，是可以没有文学的。这个社会，没有医生，没有电工，没有监狱的看守，都得乱。所以，人家那都是铁饭碗……

高　杨：看来有没有编辑就无所谓了？

李敬泽：对，没有编辑，我看行。（笑）没有作家，也没事儿。（大笑）人类生活照常运转，无关国计民生。但是，人类的文明，或者人之所以为人，就是我们要处理的绝不仅仅是这些实务的生活，柴米油盐酱醋茶，这是人类生活不可或缺的前提，是经济基础，但还会有上层建筑，我们一定会有精神上的需求、困惑、欲望、梦想，我们也有对自我、对世界认识和探索的冲动。在文学中，人类是在讲述自己的故事，想象和探索自己的可能性，这样一种能力，对人类来说至关重要。在这个意义上，没有文学的文明，是没有梦想、没有可能性向度的文明，这行不行呢？这一定会死掉。

文人与吃饭

高　杨：您曾说过"任何一个人的精神活动，离不开吃饭这个事实"。文人一谈钱或私欲，就要受到攻击。也有些人，假借文学之名经营自己的名利，对这两种情况您怎么看？

李敬泽：文学教给我们的一个基本品质，就是反对形而上学，不要仅仅从概念上理解世界。我们要通过文学保持对人和世界的丰富性、复杂性的感受力。

有些人自己很拧巴、很复杂，但看别人就非黑即白。文人怎么就不能跟别人谈版税、谈印数啊？轮到他出书，他难道不谈吗？人的生活是多向度的，在写作的时候是作家；谈恋爱的时候，是男人；对付孩子的时候，是父亲；上班的时候，是领导或者是下级；见了大夫点头哈腰，胁肩谄笑，那你是病人。由于这些复杂向度，我们自身的矛盾是一定存在的，并且是很正常的。你不能要求说，他在文章中金刚怒目，见了他爸他妈也一样金刚怒目，那他不是一个神经病吗？

每个人自觉不自觉的都是这样的。指责别人的时候，我们忘了自己其实跟被指责者一样。我们要求别人高度自洽，我们自己经常不自洽。

当然了，一个人分裂到四分五裂不能成立的地步，那还是最好看看医生。但总的来说，一方面努力自洽，一方面矛盾纠结，这就是人类的基本境遇。人类伟大的精神导师们，孔子、耶稣、释迦牟尼，他们的伟大之处，不是告诉人类什么是好的，什么是高尚的，然后做不到就下地狱，他们都承认人类本来就有弱点，然后，他们向我们指出，如何带着这些弱点，以这具肉身去追求高尚。所以，对人责之太严，也不是什么优秀品质，那叫刻薄，实际上是拿着人类的弱点去否定人有追求高尚生活的可能，那最后，结论就是，你反正也是有狐狸尾巴的，我也有，算了，我们都别装了，让我们尽情地不高尚吧。（笑）

高　杨：中国文人都很穷，您也挺同情他们的。

李敬泽：什么叫我很同情，我也不是富人（大笑）。

高　杨：当然文人的收入也不能跟房地产商比，但文人所从事的工作，是不是对这个社会的意义和价值更大？

李敬泽：你这就是佛家说的差别心、比较心，让人心里不平衡、不舒服的常常不在自己有多少，而在邻居有多少、在于比较，比如你非要拿文人跟房地产商比。（笑）杜甫很想做房地产，不过他要建的是保障房："安得广厦千万间，大庇天下寒士俱欢颜！"这也很有意义和价值。

生活的确不是完全靠钱来衡量的，对文人来说是这样，对别的人也是这样。除了钱带来的一切之外，我们还需要尊严感、归属感、安全感、公平感、"有意思感"，等等，这些感受多少和钱有关，但也不是有钱就能买到的，这属于生活意义，和钱一起决定着我们幸福还是不幸福。客观地说，这个社会大部分人的钱都比以前多了，但很多人严重地缺乏幸福感，有钱的人也焦虑、拧巴，像最近的新闻似的，杀了老婆再自杀。如果你抱着一个信念：我不骗人家，别人也在骗我，那我干脆也去骗人。如果我们把相互的关系搞成这样，就算赚多少钱，也依然是不幸福的。

所以，收入低不是什么好事，穷也不是什么好事，但是，我们会在构成幸福的诸种意义中做出权衡和选择，陶渊明不为五斗米折腰，就是做了一个选择。那绝不是说陶渊明恨五斗米，对于陶渊明来说，五担米才好呢！但，如果让他用尊严来交换，那他选择了"不折腰"。

实在出乎我的意料，李敬泽竟是这样健谈和风趣，并不因为我是一个文学小辈而有任何轻慢。相反，他是耐心的，似乎每个跟文学有关的人都是他的朋友。谈到维护文学的公正性，他声音越来越高，显得焦躁，这焦躁令我感慨。

从事文学的人是艰难的，也常常不被人理解，李敬泽却自得和安然。他认为任何时代、任何社会，文学都自有它存在的意义和必要。作为文学的拥趸者，"不必操那个闲心"，只要你是表里一致的，你是心口相和的，文学便不会因为飞速流转的时光而老去。

作为"国刊"的主编，作为中国作家协会副主席，李敬泽的见识、才华，令人心悦诚服；作为评论家，他华丽的评语独到而精准，常使阅读者流汗。除去评论家的身份，我更愿意认为他是一位文人和作家，那信马由缰的语言中裹挟着豪气和灵动，乘风而来，真实而又充满了警觉。

挂上电话，已是午时一点，办公室里暖气游丝般不明不灭，我却因为受到了某种鼓舞而感到温暖。

虚构是一个精致的肺

咸阳机场，全中国最能吃一碗好面的机场。高深青花碗，碗底几条子面，埋在丰足的酱料下面，几口吃了，顿觉天下大定。

吃完一碗，细细纠结一会儿——不过了，再来一碗！

吃撑了，刷微信朋友圈，见澎湃新闻推送了那天在先锋文学三十年国际学术论坛上的致辞。从头看起，准备着驴唇不对马嘴，准备着被记者记得一地狼藉，看完了，竟是铁证如山，句句都是我说的，一个字都不错。

好吧，这位记者超出了我的预期，他不仅手快，而且显然熟谙文学言谈的逻辑和词语，一边听着，他就正好找到了每一个词，无一处失手。

给澎湃的朋友发了一条微信：

现场记录竟然无误，贵报记者的职业水准果然了得。

即将关机的时候，对方回复：

李老师，您不知道有速记吗？

哦，速记。

一边飞着，一边想着速记。很少想到她们，她们坐在会议室的后排，但那天是上百人的会场，不知她们坐在哪里。是的，好像都是女孩子，灵巧的手指，应有微硬的茧，在场而沉默。这是一门手艺，有一个速记专业吗？还是文秘专业？她或许经常为文学院工作，莫言写作中心的同一层楼上还有天文学系，天文学的会议也会找这个姑娘，她敲击键盘，从宇宙深处、从星云与黑洞切换到先锋、传统、理想和欲望。文学家有时也会提到天空，而在天文学家眼里，文学家甚至连尘埃都算不上。这是两个不同的地下组织，各自说着只有自己人才能听懂的暗语和黑话——她有时会感到隐秘的得意，只有她潜伏着，她是外人，但只有她能同时听懂那位长得据说像普希金的张教授和那位据说是中国的霍金的李教授在说什么，她暗自把他们称为张金和李金，她在百度上搜出了普希金和霍金的照片，她觉得李金一点都不像霍金。

现在，她坐在某个角落，一绺长发垂在眼前，她当然不用看键盘，但她也不必看台上，毕竟这不是多么庞大的黑社会，她知道刚才那位感冒了，但是他还是那么激动，他照例会突然激动起来，然后，就像一颗气得发疯的流星，以不可预测的轨迹不知砸到什么地方。她垂着眼睛，有点气恼，她知道会打出一片杂乱无章的喧闹，就像小时候看《水浒传》，鲁智深一拳打在人家鼻子上，"便似开了个油酱铺：咸的、酸的、辣的，一发都滚出来"；她微微叹了口气，她不喜欢这样，她喜欢手下打出的文字流畅、安稳，所以，她喜欢现在这位，他是完全可以预测的，像行星，像月亮，只要他一开始，顺着他的话，她几乎可以在轨道上自动运行，她有时甚至知道他下面要说什么和怎么说……

飞回北京的第二天晚上，在北师大的课堂上，我向一群写作专业的学生谈到了那次致辞和那位速记。

一个庄重的场面，都有点庄严了。我忽然意识到，不能空着手上去，手里应该庄重地拿着稿子。赶忙翻包，幸好摸出一张对折的纸。我走上讲台，打开它，看到这张纸上写着几串数字，是前一天谈论单位预算时随手记下的，这让我多少有点走神，为了稳住，开口先说闲话：今天这个场合很庄重，所以，写了个稿子——女士们，先生们，早上好！

现在看，这是一篇中规中矩的致辞，说的都是该说的话和说了等于没说的话。只有一段有些意思：

"但是，我也觉得这件事同时也充满了反讽。今天这个场面和这个会也同时可以写成一篇具有先锋精神的嘲讽的和欢乐的小说。它可以让严肃和刻板的事物重新面对它的极限，让喧嚣的话语袒露出沉默。所以，我不仅期待着今天的这么多精彩的论文，我也期待着在座的作家和年轻的朋友们可以拿今天作题材，写一篇精彩的小说，我想这本身就能够有力地证明先锋文学的影响。"

——那天晚上，我花了很多时间谈论这篇臆想中的小说，好吧，建议你们都写一篇，你们不是都在场吗？

下课了，和三个学生走在校园里，深厚的、沉甸甸的雾霾，把人删节为一挂僵硬的肺。于是谈论了一会儿我们的肺，告诉他们，清洗猪下水时，肺是最麻烦的，详细讲解了清洗过程，那年那具洗净的猪肺如精密的银器，有惊世骇俗之美。谈完了肺，我觉得有必要谈谈他们的学业，名义上我还是其中两位的导师，但这两位似乎都对写作没什么兴趣，对此我一向怀着窃喜暗自鼓励。我问其中一个，德语学得怎样？他一直在学德语，我们探讨了德语的复杂和麻烦，顺便评论了一下法语，我的耳朵混浊低俗，实在听不出法语有什么好听，咚咕隆咚的。他说起他喜欢艰难深奥的语言，好啊，那么，就学梵文、吐火罗文。我想起手头正写的一篇文章里，斯坦因在尼雅发现的佉卢文文书，信口滑翔：我也想学一种语言，在中国只有四个人懂的那种，比如古波斯语。想当面听人说说话就得坐三个小时飞机，今天晚上，这四个人终于相聚，找个酒馆，用古波斯语吟唱雾霾之上的月亮或雾霾之中的玫瑰。但是，古波斯语里有雾，没有霾，那么，我们就得与时俱进，在这种语言中创造出"霾"，以此类推，渐渐地，这将成为只有我们四个人懂的一种话，混杂了古波斯语、现代汉语、德语等，暗自流传，而终于失传。然后，鬼知道什么时候，斯坦因在一处沙埋的废墟下发现了写在纸片上的神秘字迹……

是啊，那天在广州外贸外语大学，我就和老师认真探讨着学习古波斯语的可行性。

是在饭桌上，老师正阐述学习波斯语和古波斯语的难度和寂寞，她长得就像波斯人，唐代某件黄金酒盏上浮现的面容，她显然感到困惑，不知这个老男人在抽什么疯。桌子那头，毕飞宇正在谈论他的一篇关于《项链》的文章，莫泊桑的《项链》，契约精神……

等等！我一下子从波斯跳出来：不，不仅是契约精神，是神圣的物权！

当你编一个故事，当你开始虚构，不管是丢项链还是发疯要学古波斯语，这个故事都不是自然浮现的，它需要条件，比如当聂赫留朵夫打算娶玛丝洛娃的时候，你得知道他是个东正教徒，哪怕他或者托尔斯泰不承认这一点，但他绝对不会是中国的官二代或富二代。飞宇的意思似乎是，借与还的契约所具有的伦理和法律正当性，是《项链》这个故事不言而喻的条件。

但还不仅如此，这里矗立着神圣的物权，这比契约更为根本。这个故事如果被写成一篇中国小说，那么它更可能走向另一个方向、成为另一个故事，那不幸的女人会提出莫泊桑不曾想到的问题：为什么她拥有这个项链而我没有？由此，她也许就终于走上了革命道路。

当然，我不能冷落我的波斯语老师而和飞宇讨论什么劳什子项链，那只是黏稠的饭桌言谈中一个微小气泡。后来，那天晚上在课堂上，我看着对面墙上的表，计算着下课时间，把这个气泡找回来，慢慢拉长。小说作为一种虚构形式，需要有文本之外的条件，或者说，小说必定安放在恰当的支架上，如果我们意识不到支架的存在，那只是因为它是如此基本，如同空气，是透明的，如同呼吸，是当然如此而不必被肺所感知的。但如果你把这个支架抽掉，那么，一切都会坍塌下来。

虚构是一个精致的肺。

梁晓声：一个人的声音剧场

　　梁晓声，原名梁绍生。中国作家协会会员，当代著名作家。曾创作出版过大量有影响的小说、散文、随笔及影视作品。中国现当代以知青文学成名的代表作家之一。任教于北京语言大学人文学院汉语言文学专业。2012年6月被聘任为中央文史研究馆馆员。获第二届吴承恩长篇小说奖。凭借作品《人世间》获得第十届茅盾文学奖。长篇小说《雪城》入选"新中国70年70部长篇小说典藏"。现居北京。

梁晓声的作品《郁闷的中国人》一经问世，立即引发了强烈的舆论喧哗。这部评论时事的随笔集中，梁晓声企图通过丰富的社会情绪样本，探究中国人"集体心理裂变的现状"。从体改、企改、房改、教改、医改……等等这些胶着在中国人现实生存的焦点问题中，剖析中国式的郁闷，矛头直指社会弊端。

创作已超过一千万字的梁晓声，是一位完全意义上的作家。从早年一个大义凛然的作家身份用作品发言，到今天以一个公共知识分子的形象用思想和现实直接对阵。

他为什么能够长久地保持这份质疑和郁闷的热度？为什么并不因为岁月蹉跎而熄灭了那颗丹柯的红亮的心？

知识分子的使命和一种文化的自觉

高　杨：多年来一直想做一个关于您的专访。十几甚至二十年前，就看过您的《京华见闻录》，里面有很多章节还在眼前。这些年以来，经历了这么多事情，您脾气好些了吗？

梁晓声：那时候，我也就三十二三岁。一个底层的青年，读了一些书，又比较喜欢思考，处在"文革"那样一个时代。那个时代也有那个时代的特权。"走后门"三个字就是从那个时代开始的，比如，什么样的关系？能不能上大学？能不能抽到城市去当工人？入党、提干，等等等等。在当时的话，也会讲背景。

高　杨：您在《京华见闻录》里曾描写过在北京电影制片厂的经历，那时候您住在招待所里，隔壁有一群年轻人，非常吵闹，您有一个出离愤怒的举动，如果是现在遇到这样的人或事，您还会这样吗？

梁晓声：那时候我在北影工作，但没有宿舍，临时被安排在招待所里。心情不是很好，又很惦念家里，所以，比较过激。如果是现在，我想我也许就出门溜达溜达。

人到五十岁以后，脾气都是会好些。我偶尔还是会急躁，但仅仅是急躁而已。因为我常处于被绑架的状态，各种各样的事，以至于我完全无法做自己的事。比如，我牙痛了二十多天都没有时间去医院把牙拔掉。我都头昏到什么程度呢？明天国家图书馆开会评文津奖，我今天一早就跑去了。手机短信上，人家也说得很清楚是明天。眼睛看着，也跑错了。这个年纪这么累也不是什么正常的事。但许多事情也不能以你为主。退休也退不了，人在江湖的那种感觉。也不知道要去跟谁说，人家会说，哎呀，这不是名人才会有的感觉吗？但我实在没有这种感觉。实在是糟透了。

高　杨：看来您今天心情并不好。

梁晓声：你想明天我上午拔一颗牙，六点要起床去挂号，十点钟又要参加一个饭局。一个刚拔完牙的人，能不能参加饭局？好，就算明天我只能预约，而没有拔牙，一个将要拔牙的人，又能参加饭局吗？然后，你又直接去国家图书馆参加会议。然后，出版社又一直在催着要你还没有校对出来的文集。

高　杨：那您的日子从什么时候变成这样的？

梁晓声： 处在北京这种全国政治、文化、艺术的中心，任何地方的文化活动都会通知到你。我还是民盟中央委员会的主任，我从来没有觉得自己做好了这些工作，如果有多一些的时间，我还应该做很多很多事情。

我又在大学里，大学里的孩子们又在写论文，三个活动，三个饭局还有学校里的答辩。到这个月底我每天都要早出晚归。

高　杨： 遇到这么多无奈的事情，您也只能是无奈？

梁晓声： 有的时候也会、会发火的。

高　杨： 看到很多您的访谈和您的作品。经常谈到文人的使命，您认为文人的使命是什么呢？

梁晓声： 这里，我不想用"文人"这个词汇。"文人"这个词是特别中国化的称呼，外国语里找不到"文人"这个词，他们叫文化知识分子，文化知识分子当然他们就有一种社会责任。尤其是十八、十九世纪，甚至西方都一直提供着文化思想，第三次浪潮，娱乐至死……

那在中国的话，大家习惯把我们这样的人叫文人。但作为"文人"在相当长的时间就只说风花雪月。那你要是甘于这样的话，我认为可悲。

高　杨： 但咱们身边有很多"大家"。他们毕生不是都在写茶啊、雪啊、花啊……

梁晓声： 我所写的《龙年1988》《九三断想》《九五随想》……很多社会时评的文章，以及社会各阶层的分析。我还写过论民主，反复地论民主，论文化专制的不可持续。但就像你说的，我的很多同行们并不这样。

高　杨: 您的写作总会戳到很多人痛处,特别是《郁闷的中国人》,读者中什么样的评论都有,有很多人说,这才是文化知识分子的职责所在,还有人说,为什么写这么不和谐的文字,看了真让人郁闷。那为什么要写这么不讨喜的书呢?

梁晓声: 那我为什么要讨喜呢?我没有那个义务,写作不是为了讨喜。果戈理作为喜剧戏剧家写《钦差大臣》是为了讨喜吗?那再进一步,讨喜就是为了掏别人口袋里的钱?我们的人格,我们活着的价值难道就这么低贱?

写作这件事的本质就是要很多人难受。文化总归有自觉性的吧?如果你说的脾气不好,那我前两天就对一个记者这样的提问摔过电话。当他问我这个问题的时候,我反问他,那你认为文化的功用是什么?他回答我说:娱乐。我说除了娱乐,你再想想,他说最多是看两本书陶冶性情。于是,你就必须要问,你哪所大学毕业的?是新闻还是中文专业?

高　杨: 其实,在很多媒体上您都谈过作为一个文化人的使命,文化人本应有的自觉性。但是您也必须允许有很多人质疑,梁晓声因为总是写一些令人郁闷的文字,总是要发出一些令人郁闷的声音,而总是显得不那么和谐。致使他自己很郁闷,让别人也很郁闷。

梁晓声: 文化的职责,文化的自觉性,使得你要不顾忌那些人的感受。 我在大学里给很多大学生上课的时候,很多人都认为文化的功用就是取悦别人,这令人觉得可怕,于是,作为知识分子就要发出一点声音。如果文化只是娱乐的话,那对于改变我们的社会还存在什么样的希望呢?如果文化没有激励大家思考的话,那首先是你放弃了思考。对于一个放弃了思考的人,对于一个不问为什么的人，对于一个不正当地提出自己诉求的人，对于一个连提出诉求的意识都没有的人，或者认为诉求就是明天加点工资，后天我就很高兴。那你怎么办呢？

高　杨：您在跟我讲这些话的时候，我能感受到您的愤怒和无奈，一定有很多人无数次问过您这个问题。

梁晓声：是的。而且都是受过大学教育的人。我有时候很愤怒，会摔电话，会发脾气。作为一个受过高等教育的人，不该认为文化就是娱乐。那我们这些被称为文人的人，不都成了跳梁小丑了？（声音因为愤怒渐高）

（暂停，平稳下情绪，语速放慢）

"五四"以来，中国那么多人都在发声。他们都祈望我们的社会再变得好一些，你说鲁迅又提供了多少喜感的东西？胡适虽然是个温和的人，但他也是战斗的。你再看西方，萧伯纳、雨果、托尔斯泰、契科夫、屠格涅夫、陀思妥耶夫斯基……他们除了写小说，都写了大量的时评。而且，你看他们的小说，也不是喜感的，他们不处在一个充满喜感的时代，那我们也不处在一个喜感的时代（声音再次提高），但我们难道就只要喜感？

丧失感觉必然要丧失立场

高　杨：有很多人会怕您。

梁晓声：是的，我在某些场合讲课的时候，前十分钟，课堂的气氛极为肃静。然后，我就再幽默一下，把气氛再找回来一点，但其实，那时候我心里是很郁闷的。

高　杨： 为什么郁闷？

梁晓声： 因为你不是处在一个大家都需要花时间来找乐子的时代。看看我们的时代，我们还有没有这个资格。我们有这么多社会问题，这么多令人郁闷的事情。

高　杨： 我能感受到您的焦虑，至少您的思想很焦虑。

梁晓声： 焦虑，难道不正常吗？作为一个文人，一个有一些发言权的人，还不感到焦虑，那恐怕才是真的不正常。但又因为我们最初接触的文化的底色，我们是吃那样的文化奶水长大的，所以很多人就会觉得，我很满足我自己的生活，那些事情跟我有什么关系。

高　杨： 跟您聊着聊着，我的心就揪起来了，我觉得您比您的作品更激烈。

梁晓声： 是的，我的确是很激烈的。

高　杨： 作为一个非常敏感，又很有使命感的人，您有没有觉得痛苦和疲惫？

梁晓声： 实话实说，有时候会非常沮丧。并且，我不认为只有我一个人这样。物以类聚，人以群分。我的朋友中也有很多也会这样，为自己的国家着急，他们有时候还发短信安慰我。但在他们的短信里，也会看到焦虑和郁闷。当然你在上面也提到的那些仿佛置身事外的人，这样的名流似乎在现实中更吃得开。"文革"时，我到过西北的一个县城，县城的文联主席门口挂牌子也是"反动学术权威"。虽然是个不好的称呼，但说明他们的社会位置。现在呢，这个"权威"正在被"权威"们在反向上任意发挥和运用。比如就觉得自己至少是个"权威"，周围又有粉丝，又沉浸在被粉丝追捧的状态中，然后又饮茶、喝酒、搓麻，大家再侃侃山，周末到农家乐里吃一顿，兴致所至再提笔挥毫，写诗作画。领导见了他们也客气，有什么困难跟领导说一下，解决起来也很容易。如此一来，还有什么不满意的呢？如果再比县城再大一些的话，还会给你一些更好的待遇，给车、给办公室，逢年过节的时候，再去参加一些宴会，那我们身边真是有太多这种人。

高　杨：那您为什么不选择这样的生活？那多么轻松？也许那样就不会郁闷？

梁晓声：我为什么要选择那样呢？人和文学的关系就是这样吗？文化知识分子不是这个时代和社会的记录员吗？不记录了吗？算了，我们别讨论这个问题了，想到这些我就郁闷。

高　杨：这些话说出来，还是会得罪人。

梁晓声：得罪什么样的人呢？得罪了人又怕什么呢？我们都已经变成了什么样子呢？我们可能背后在议论一个官员，我们说了他种种的不是。可是，当这个官员走来了，多握了几次手，在做报告的时候多提几次一些人的名字，以表示亲热，我们这些人马上表现出一个受宠若惊的样子。难道这样就好了吗？你问我，说到底不就是想问我，我为啥不那样呢？对吧？（高杨：那样会轻松，那样就会不郁闷）我们不讨论这个。如果你认为这样轻松，那很奇怪，文人的轻松明明就放在眼前，不去追求真正的轻松。

高　杨：在您的作品里不止一次地谈到父亲。足以看出父亲对您的影响，他留给您的最大的精神财富是什么？

梁晓声：他是一个文盲，留给我的主要还是基因。基因是没办法克服的，我秉持了他作为山东人的那种性格和血性。我在很小的时候，才八岁吧，他那时候是一个建筑工人的班长，反右的时候，工地上来了一个女大学生，只能挑五块砖，旁边的人一边给她压上十块砖，谁也不允许同情她。女孩子坐在地上哭，我父亲回家后就会气得喝闷酒。人是需要有愤怒感的，看到不公平的事情，应该会生气会愤怒。我们总不能被群体中的劣质群体所影响。比如我对很多媒体，也没什么好感。那些报纸，那些大篇幅的报道，花边儿，所谓的媒体角度，明明是在丧失一些原则。

读什么样的书，就会成为什么样的人

高　杨：听说您是在一家小报上发表了一篇作品，然后复旦大学的老师追到农场找到您，那时候您多大？又发表了一篇怎样的作品？

梁晓声：那个年代居然有那样的招生老师。从上海坐火车到哈尔滨，再由哈尔滨到佳木斯找到我家，再从我家回到哈尔滨坐车到北安，北安再坐八九个小时到黑河，黑河再坐一个小时的车到团部找到我，将近三千里路。

他也只不过是一个年轻的留校老师，因为对文学的共同爱好，他跑了这么多路，而且他不是教中文的，他是教生物或者物理老师。那时候学理工科的青年，喜欢文学的很多。并且，他们都读大量的名著。"文革"的年代，他在小招待所里跟一个抬木头的少年热烈地谈论着文学。

发表的作品是我的小说处女作《向导》，应该是中国第一篇环保主义的小说。就是写上山伐木，老职工带着知青去伐木，但他就只挑着伐那些病木、歪树。看着别人拉了整车的木头，知青们非常沮丧，老职工便告诉知青，你看你们伐光了多少山头？以后的人们怎么办？

高　杨：那时候您的小说就已进行这样的思考了？可那时候青年人中流行的是战斗檄文。

梁晓声：我从来没有写过那样的文章。我读了很多很多书，我阅读的数量不是一般意义上的多，十七八世纪的几乎所有大部头的作品，我都看过了。前几天，我还去一所学校里，跟孩子们说过阅读的问题。如果周边有一百个人都在看动画，都在看情爱小说，你也学他们，那你注定了要和他们一样。一个人读什么样的书，就会变成什么样的人。阅读本身是超越年龄。我小时候，周围有很多书铺，花几分钱就可以看好几本书，消磨一下午时间。我很快就把学校和家旁边的书铺都看遍了。所以，大学里的老师就能跟我谈萧伯纳、雨果、车尔尼雪夫斯基……并且，那时候我拿到手的，都是好书，没有现在这么多文化垃圾。

高　杨：据说当初复旦录取了您，在录取通知上写着，梁晓声（不得转让）。这里似乎有些强逼的意思，是不是您对要不要上大学还有所犹豫？

梁晓声：是的，我不想去那么远。我的家庭很困难，父亲在外地工作，还有弟弟、妹妹，需要我扛木头赚钱养家，我的哥哥身体又不好，当时我就在想走还是不走？不想走，因为家里需要我，那时家里的生活是低保线以下。上了大学有多少助学金就花多少助学金，三年就探了一次家。也不觉得苦，因为在兵团也很苦。大学毕业的时候，可以留在复旦，但我考虑不留，要离家近一点，要照顾到家里，替父母减轻负担。直到这几年，经济条件才开始有些变化。

因为我弟弟、妹妹们八几年结婚，又没有房子，在哈尔滨生活得并不好，这些我都有责任帮助他们。

我很奇怪我们现在的年轻人怎么会这样？父亲从农村把孩子送出来的时候，恨不得卖血。孩子上了学留恋大城市，留在大城市，工作赚的钱也很少寄回家。

以前，我批评过我的学生。我觉得一个人对家和家人的责任，是必须有的，都是不用讨论的事。大学毕业的时候，王安忆的母亲茹志鹃到我们学校去要我，让我去《文艺月报》工作，我都没有去。我的老师来做我的工作，让我留在复旦，我也不留下。后来，大家问我，你到底要去哪儿？我说要回哈尔滨，他们告诉我没有哈尔滨的安置名额，那我就要去最北边，最北边就是北京。我不是因为那儿是北京而选择了那儿，而是因为北京离哈尔滨最近，离家最近。

高　杨：您曾说，读书可以使人长期抵抗寂寞，我在猜想，在您最苦闷的那几年，最郁闷的那几年，就是靠大量的阅读、思考和写作来度过。

梁晓声：对。那时候写作也大部分发不出去，但总要写出来，将自己想说的话以文字的形式表达。然后，跟一些同学、朋友们交流。"文革"的年代也不可能有稿费，很苦闷。

但是你要知道，我在那个年代是一点都没有跟着走。不是说"文革"后期我才觉悟了。而是，从"文革"的开始我就开始觉醒。连我的档案里，都写着此人只能利用不能重用。我在复旦大学毕业的档案里写着：和四人帮做过斗争。我没有和四人帮做过斗争，怎么可能呢？我只不过不跟着走。

这就回到你刚才问的那个问题，是不是一个人在什么样的时代里都一定要搅进去？至少你得保持一定的独立性，保持自己的思考吧？

高　杨：那至少八十年代这十年，难道您不觉得您能够从心底里释放了一下吗？并且我们都知道，在八十年代，梁晓声的影响简直是人尽皆知。您的小说被改编成电影、电视剧，被知识分子传看，更被广大的群众关注。有人说一九八四年是梁晓声年，《今夜有暴风雪》获得了全国最佳中篇小说奖，《父亲》又同时力拔短篇小说奖头筹。

梁晓声：首先，我不认为我所取得的成绩算得了什么。在北京电影制片厂的编辑室里，有太多了不起的人物，我算不了什么。我们那个时候也没有什么网络啊，什么手机啊。只是大家在小范围里面知道，谁取得了一点什么成绩，仅此而已。后来还有很多人说什么梁晓声年，我根本也不知道。

其次，关于八十年代，我以前说过一句话，那些对现在不满就想回到八十年代的人是二百五。我们怎么能够背对八十年代、甚至更早，我们曾面临过的灾难一样的问题？我们现在的社会是一个问题多多的社会，不过还有救；但是八十年代以前，不能找出任何一种救中国的方法和依据。我们怎么能如此病态地依恋那么一个年代？太可笑了。

因为你读过那么多的好书，所以你知道你不过只写了些什么东西。所以，还得到这些人的称赞，你就已经觉得太庆幸了。这里面还有两点，一是那个时代的尺度给你的限制，另一个就是你自己的才情，就决定了你就只能写成现在这个样子。这是一个写作者必须要有的自知之明。人生苦短，时代浮躁，你一定得活出几分清醒。

我们是没有办法横向比较的，对不对？我们不能跟"五四"比，也不能跟国外的作家比，不能跟十八九世纪的同行比。我们也不能跟现代主义作家比，他们都到了心理现实主义，我们还是在物质现实主义。

文化搞不好会让人报应的

高　杨： 由一个扛木头的少年到了今天，成了大作家。您的文章影响了几代人，甚至影响着整个当代文化的某个视点。我很奇怪到现在您竟没有一官半职。

梁晓声： 是的，我没有一官半职。我也不是没有机会，但如果你没有，你便没有失去的危机感。于是，你便可以大胆地、自由地表达自己。从你嘴里说出来的话，就能代表你的心声。否则的话，我当个小官，就会怕失去这些。那还说话吗？说的如果都是假话，那还有什么意思呢？现在不是"文革"年代了，什么都不会影响你，只要你愿意站出来为这个社会做一些事情，尽一些知识分子该尽的义务。那么，我选择去尽一个文化知识分子的义务，而不去追求权力带给我的所谓荣誉感和成就感。

我记得乌克兰有位诗人叫作谢甫琴科。沙皇要召见他，沙皇来到时，所有的王公大臣都弯下腰去，只有他还直直站在那儿。我觉得知识分子就应该是这样，而我们现在的知识分子怎么都成了这样？怎么对权力就崇拜成这个样子？（声音提高）

我想，我可能对自己有一些特别理想主义的要求。因为1949年以前的那一批知识分子，这些楷模对我的影响太深了。陈独秀、蔡元培、胡适……你整个看下来，作为一个文化知识分子，他们都是非常好的，个性也很张扬。也正因为那个年代，中国的知识分子还有思想性。

知识分子们也该想一想，我们到底要不要一点平等呢？

高　杨：那我看很多人都不敢想。

梁晓声：（突然声音提高）那为什么呢？

我曾给某领导写过信，关于创作尺度问题。因为我们忘记了走过来时候的路，那么我们需要有人提醒和重新回顾。我们都忘了我们是怎么走到这里来的，为什么我们能走这样一条路？我们如何走到了这三十年？那过去的三十年，又是什么问题？（声音再次变高）

高　杨：您真的会让跟您在一起的人都很激动，很着急。

梁晓声：这种激动和着急是正常人应该有的。只要不是一个二百五，不是脑子进水的人，都应该具备的。

高　杨：那这个社会上有那么多人，不这么激烈，不考虑这些问题。

梁晓声：因此，就得有一个人絮絮叨叨地说这些问题。并且，我觉得应该是那样一个人。而且，我的话语尺度没有越来越缩小过，这也是我争取来的。就靠这样不妥协地辩论，不放弃自己的观点，一点一点得到的。其实，我的文章很理性。就算我有时候的笔触已经很凌厉了，但也只能表现出我冰山的一角。

高　杨：坚持的路走得很累，走得辛苦。为什么每一次都把自己推到一个辛苦的位置，拐一个弯难道不好吗？

梁晓声：我给山东写了一部电视剧《知青》，可能是五十多集。在他们找我写的时候，我问过他们，如果你们要我写知青，又要滤掉一些东西吗？那我不写。

后来，他们同意了。这种要求是最起码的吧？不能变成你们给钱，那么让我怎么写我就怎么写。我写过一部小说《政协委员》，原来是政协找我写电视剧，写前十集的时候，大家都称赞我写得好。过了十集，我就把钱退回去了。决不可以为了钱，放弃我的原则。

高　杨：您不缺钱？

梁晓声：如果你把写作尊重起来，就不会因为钱而自己阉割自己。因此，我写信给《知青》的导演说，我们去忠实地写作和拍摄。我们去做了我们自己该做的事情。我们要去用行动碰一碰。你不能期待别人去碰，也不能别人碰，你沾光。再说，现在碰一碰又会如何呢？这样的情况下，还不做些事情，那还成什么样子？（因为激动声音变高）

"文革"时期有一部叫《创业》的电影，导演于彦夫、张天民都是我的朋友。他们在拍这部电影前都写下：因为这部电影我入狱了，剧组谁谁谁，请照顾我的家人。我们总得跟他们学点儿吧？（再次高声）

当年我写了《今夜有暴风雪》，发表在南京的《青春》上。那个主编跟我讲，我们现在是创刊号，我也才恢复主编工作不久，我也不知道这个小说发出来会是什么情况，但我豁出去了。

我所经历过那个年代，大家看到好作品都很兴奋。很多刚刚恢复了主编职务的人，都会说，撤我就撤吧，我也要把这部作品发出去。因此，当时有好多作品都是这样出来的。我身边有很多这样的人，他们在当年也是这样帮助过我，他们不帮助我，我就得不到奖的。

高　杨：您对自己的要求非常高。

梁晓声：我不过是认识到，我再怎么努力，也只能是这么一个高度了。在这个位置上，我只能尽全力做好吧。横向竖向都比过，我在文学上把自己摆得很正，我知道自己只不过在那个位置上。这个位置不能给我带来一丁点的个人满足感。但是，作为一个文化知识分子，我知道我还有别的事情要做。

但话反过来说，如果你本来的坐标就很低，在这个很低的位置上，你又自我感觉很好，做一个文化型的公民这一点，你又做得不好，跟这个时代不堪的那些令人看不过眼去的病态同流合污，觉得有意思吗？有价值吗？

郁闷吧，这是我们的职责

高　杨：您能不能列举哪个文学家，哪一本书对您的影响最大？

梁晓声：这种问题，十年甚至二十年前，无数个人都问过我，我听了就皱眉，绝对是一个脑子进水的问题。（停顿）世上哪有这么一本书？一定是无数本书，一定是许多作家，影响了你。

高　杨：那就是没有一个作家在您年轻的时候，被您立在榜样的位置上？

梁晓声：当然也有，但我喜欢的是一批人。当然大家也总说我脑子里总是西方的文学作品，回过头来才看中国小说。

高　杨：那能谈谈区别吗？西方文学和中国文学有着怎样不同的感受。

梁晓声：中国的小说是讲故事，而西方的小说是呈现思想。而我呢，不管看什么作品，仅仅是故事，那就不是给我看的。

高　杨：思考有时候是件费力不讨好的事。

梁晓声：人们喜不喜欢我不是我要考虑的问题。作为一个文化知识分子，我要考虑如何让不愿动脑的人们开始思想。我长久地对这件事情发愁。很多人都麻木地盲从，不顾自己的大脑。我所做的这些事情，是必然的。如果你也读了那些书，你就会想，为什么所有的文学家，最后都变成了人道主义者？

为什么雨果在写《九三年》的时候，其中说：革命是绝对正确的，但在绝对正确的革命之上的，有更加绝对正确的人道主义。你读了书，你才能记住这话，你记住了就会去想。托尔斯泰为什么会给沙皇写信，说：我每天都在报纸上看到，今天绞死几个农民，明天又绞死几个农民。当你们这样做的时候，这个仇恨最后就要把你们推翻。因为你读了这样的书，你想不思考都不可能。但如果你有时间都在读些垃圾，脑子自然也没有这些东西。

我再举一个例子。小悦悦事件其实在我很小的时候，苏联就发生过同样的事情，还拍成了电影。当这种事情已经发生了，再拍电影说教，文化就已经滞后了，那么滞后了的文化，就意味着你失去了文化的自觉，你没有完成这个使命。这个使命应该是在发生之前就是放在那儿的。而由于你没有完成自己的使命，使得后来又有人重复了一个悲剧。

现在社会上的种种问题，食品安全、医药安全、腐败问题，作为文化知识分子，你需要做的事情还有那么多，首先你得敢于站出来指出。现在没有人给你写信寄子弹了？没有人派人跟踪你了？于是，你又有什么不敢呢？我觉得我们都不敢说，还要指望谁说？哪能让孩子们去说？让学生们去说？

有人说我右。但我问他们，就算你们说我右，那咱俩相比，谁更爱国呢？我指指点点、我捶胸顿足、我气急败坏，那我的目的又是为了什么呢？难道我是神经病吗？我当然是为了我的祖国更好，更强大。我无处可跑、无处可逃，也不想跑不想逃。我只有这一个国，地球很大但我只想待在这儿。即使是在最愤怒的时候，最无力的时候，也从没有想过要逃掉，因为这里是我的家。

很幸运，我有了一些话语权，那我就要尽义务。我热爱我的国家，我也热爱那些知识分子的群像。青少年的时候，他们就在影响我，我不认为他们是坏榜样，虽然我知道无论我怎么努力，都离他们的高度还有那么大的距离。但是，我有想向他们学习的强烈欲望，所以，无论谁说了什么，只要我凭着一个知识分子的良心，就可以完全无视他们的指指点点。

这就是文化的意义，文化的意义就是化人。我能被文化化一点的话，我觉得我太幸运了。

现在的人什么都不愿意思考，都在想如何多买一套房子，那蔡元培和胡适到死也没有房子。

我是个大学的老师，社会的责任不能压在孩子们身上，风声、雨声、读书声，声声入耳；家事、国事、天下事，何事为大？学习第一！孩子们去学习吧，去读书吧，去武装自己吧，让我们来担起责任，让我们来郁闷吧，这是我们的职责。

与梁晓声的访谈并不顺利，期间，有几回我们几乎要争吵起来，他甚至声明要摔电话。我是一直在被访问者的指责质问中完成了采访。

这样一个采访，让我设身处地有了一种遭遇精神碰撞和性格震撼的好奇与刺激。最终，我感受到了梁晓声式的郁闷。一个罕见的知识分子和精神强度。

梁晓声一定要生活在许多的误解之中，他很孤独。与他进行对话是一种难度，也是一种考验。

深夜，梁晓声发来一条很长的短信：我又发脾气了，我脾气不好，因为我的脑子在一刻不停地在思考，虽然我很努力，但还有很多事情，是我没想到和没做好的。我想知识分子是一个社会和国家的脑细胞，往前追溯五十年，知识分子当中多少思想家在为国家的利益而努力，一百年前，又有多少知识分子为了国家的兴亡而置生死于度外？一个文化知识分子必须有这样的担当。

《雪城》(节选)

姚玉慧立刻去将房门关上了。她靠在墙上，他站在房间正中，他们今天刚刚见面时的也是这样。那时他们之间隔着什么，她还不知道他"也是"，现在她知道了。同样的距离，不同的目光。她望着的是一个使她感到特殊的、具有吸引力的、想亲近而又那么不易亲近的男人；他却似乎在望着一片雾。他脸上呈现悲伤的表情，他的头渐渐低了下去，垂在胸前，他两只手紧紧抓住衣边，他那样子像哀悼谁。她看得出来，她妹妹对他的取笑，严重亵渎了他内心的某种感情。她想，那感情肯定是对他非常圣洁的。她怜悯他。

"能讲吗？如果我配听的话。""……"

"讲讲，你的心情也许会轻松些……"

他渐渐抬起头，凝视着她，用极低的声音答："没人理解……"

"我妹妹不能理解，我能理解。"

"难道你没听出来我的北京口音？"

"第一天就听出来了，不过在此之前我不愿主动询问你什么。"

"大学毕业后，我本可以分配回北京的，是我自己主动要求留在了这座城市，尽管我并不喜欢这座城市。"

"为了……爱情？"

"不，为了寻找妹妹。"

"亲妹妹？"

他摇头。"表妹？"

他又摇头。

她一时不知还应不应该询问下去了，期待地沉默着。

他终于反问："你空虚过吗？"在椅子坐了下去。她看得出来，他已经不能不向一个人敞开心扉了。某种感情正在他内心翻涌。

她坦率地回答："像我这样的一个女人，怎么可能没空虚过呢？"

"你是什么样的女人？"

"当过知青教导员的女人。"她苦笑了一下。

"我指的是另一种空虚，它足以造成人的灵魂死一般地寂寞，这也许是我们知识青年们才会产生的空虚。我们被称作知识青年，可是我们身边没有文学，没有艺术，没有一本值得我们翻阅的书，甚至，连可以引起我们兴趣的消遣和娱乐也没有。只有各种政治学习材料和《毛主席语录》。生活像一块海绵，它将我们的种种热情和愿望都吸收了，可它还是它本来的颜色。"

"我曾亲手把这块海绵放入各种政治运动的颜料缸里，捞出来叫别人承认它是丰富多彩的。"她不禁又苦笑了一下。

他看她一眼，接着说："我们连队是个新建点，离最近的连队四十多里，我是知青排长。我们太无聊了。打扑克是被禁止的，因为有的知青赌香烟。下象棋也不行。连长和指导员来到大宿舍时，发现两个知青下象棋，没有一次不批评：'有时间为什么不学毛著？'`后来我们捉到一只小鹰养在大宿舍里。白天，我们常把老职工家的小猫小狗偷偷抱到大宿舍，促使鹰与猫狗相斗，我们从中获得低下而可怜的乐趣。夜晚，我们打着手电，四处扒房檐，掏麻雀。我们最开心的事，就是躺在被窝里，趴在枕头上，观看雏鹰贪婪凶残地吞食羽毛未丰的麻雀。

"有一天，鹰不见了，被一个知青释放了。这个知青叫林凡，他是我们中年龄最小的一个，也是我们之中最瘦弱的一个。他的脸很清秀，像南方少女。他的父亲是这座城市一位颇有名气的话剧编剧。他好像没有兄弟姐妹。关于他的母亲，他从未向任何人说起过，也没人问过他。他不是那种用一句话就可以概括性格的青年。他明智，他灵敏，他观察细微，他思考周密，但他一点也不善辩。他被揶揄和讽刺时，甚至有点拙口笨舌，他还很忧郁。

"起初，大家都不太喜欢他。因为他离群索居，不和任何人交朋友。每天晚上，大宿舍里吵吵闹闹乱成一团的时候，他总是悄无声息地呆坐在最靠墙角的铺位，幽思冥想。他从不愿引起人注意，也从不愿侃侃而谈。但当别人的什么话题使他发了兴趣，他会从旁突然插入一两句。而这一两句，往往使大家陷入沉默，品味良久。他说过之后，又会独自进入他那种幽思冥想的境界。好像只有他自己的心灵，才是他愿意与之交谈的良友。在这种时候，大家便会觉得他身上具有某种不能不引起注意的魅力。

"一次，全排开会讨论民主问题，谁都发过言了，唯有他独坐一隅，一言不发。我指名要他也发言，他才慢言慢语地说：'民主对主观武断的人是极不舒服的训练。'他就说了那么一句话，而且语调非常平淡。但这句话的效果相当强烈，全排的人都将目光集中到了我身上。我认为，他这句话明明是冲着我这位排长来的，瞪着他严

厉地问：'你是在含沙射影地攻击我么？'

他反问：'你懂含沙射影这个典故么？'

'我不懂。大家也不懂。'

我和大家只有怔怔地望着他而已。于是他就向大家讲述，什么什么湖中有一种叫作蜮的怪物……大家听得津津有味。当时，我突然意识到，权力在知识面前，哪怕极威严的权力在极一般的知识面前，对于缺乏知识的头脑，也会产生动摇。我大声宣布：'散会！'从此暗暗记恨他，总想寻找机会报复他。而他，却显然并没有意识到已经得罪了我。

"从那天开始，我怨恨起我的父母和所有的亲人来。因为在我小的时候，他们对我的种种溺爱和娇惯，其实是在有意无意地培养我对权力的崇拜，却没有给予我一点可以充实和丰富头脑或心灵的东西。比如文学，比如艺术。社会后来也没有给予我这一切对人极其有益的东西。

"我至今仍记得一件小时候的事，袜带太紧，勒疼了我的腿，我便号啕大哭，满地打滚。阿姨赶紧哄我，问我为什么哭，我就是不回答。爸爸妈妈也从各自的房间跑出来问我，我仍不回答。哭得更响，闹得更凶。家人一个个都围着我，束手无策。慌慌乱乱，我一边哭，一边从指缝瞧着他们，心中暗暗得意。我在支配他们，我的哭闹对他们具有无比的威力。这种意识在我幼小的心灵中产生无比的快感。最终还是三姐聪明，放松了我的袜带。爸爸妈妈脸上都急出汗了。妈妈说：'我儿子真凶，闹得全家人心惶惶，围着他团团转！'爸爸说：'将门出虎子嘛！'我造成一场风波，得到的却是赞赏之词，使我更加暗暗得意。

"在我家的客厅里曾挂过一副字，隶书体写的是：'读史使人明智。读诗使人灵秀。数学使人周密。哲学使人深刻。伦理学使人庄重。逻辑修辞之学使人善辩。凡有所学，皆成性格。'我的父亲非常珍惜这副字，因为它是一位老书法家在他的一个生日赠送给他的。但是很遗憾，他并未从这副字画上获得什么良好的性格。也没对我，他唯一的儿子的性格进行过什么良好的培养。他所珍惜的不过是书法，虽然他对书法也一窍不通。

"接着说林凡吧！大家收工回来后，发现那只鹰不见了，分头到处寻找。林凡当众承认，鹰被他放了。他对那种弱肉强食的'游戏'，早就表示出毫不掩饰地厌恶了。每当那时，他便在一片兴奋的叫嚷声中，独自离开大宿舍，直至'游戏'结束才回来。他剥夺了大家唯一的乐趣，大家都很恼火。有几个知青甚至想揍他，我存心不加制止。

"'你们打我吧！'他环视着大家，从容而平静地说：'你们的头脑太空旷，你们的心灵太空虚了！我常常替你们难过，难道你们自己就一点都不？那究竟能给你们带来一种什么满足呢？你们也许有一天会把一只狼崽子弄到大宿舍，把谁家的小孩偷来给狼吃！我瞧不起你们！鹰是禽类中刚勇而坚强的象征，你们为什么偏偏要欣赏它的凶残呢？难道你们谁都没有读过高尔基的那篇寓言小说……《鹰和蛇》吗？……'接着，他用他那种特殊的、平缓中流露出淡淡忧郁的语调，低声朗诵起高尔基的这一篇寓言小说来。他的记忆力是那么惊人，我在大学里读了《鹰与蛇》之后，才知道他当时朗诵得一字不差！然而当时并非在显示什么。他仅仅是要把他自己，也把大家带入到一种境界，使大家的心灵和他的心灵一块儿得到片刻地升华，一块儿感受文学的美。

"他朗诵完许久，大家仍肃然地静默着。

"我说：'林凡，看来你读过许多文学书，你是我们之中最幸运的一个。不过生活也不太公平了！不公平的，就是应该打倒的！

"他愕然了，问：'打倒我么？排长？'

"我说：'我们先不急于打倒你，你对我们还挺重要。要打倒头脑的空旷，打倒心灵的空虚，打倒精神上的无聊和庸俗！从今天起，你必须每天都给我们讲点什么，随你的便，但不讲不行！'

"他听完我的话，笑了。

"从那一天起，林凡成了我们大家所共有的，谁也无法查收、谁也无法禁读的一本书，一本《一千零一夜》……"

他讲述到这里，停止了，问她："能再给我一支烟么？"

她马上走出房间，到客厅里去取了一支烟回来，无言地递给他。他由于内心激动，划了三次火柴，都将火柴划断了，最后还是她替他划着了火柴，点着了烟。虽然她始终在认真听。但听到这时，也没有弄明白那使他内心如此激动的真正原因。并根本无法预料他接下来所要讲给她听的事情。她不想问，不想干扰他的情绪。他深信不疑，他如此激动，必然是有原因的。她退回到墙边，像先前那样靠墙站着，望着他，静静地期待他继续讲下去。

他吸了差不多半截烟，才接着说："书，是一代人对一代人精神上的遗言，是时代的生命，是记载人类文明的阶梯。可惜我们大家当时只有林凡这一本书。他把我们大家寂寞无聊的空虚的时刻，变成我们精神上获得巨大享受的时刻。我们相信，我们是'读'不完他的。他是我们大家的'船'，带领我们大家从空虚的心灵天地驶向广阔无垠的生活海洋……

"我们大家都开始真心实意地爱护他,劳动中重活绝不让他干。我自己尤其真心实意地爱护他,像爱护一个亲弟弟。因为,我内心对他的记恨与嫉妒,已转变成对他的崇敬。

"一天,我替他收到一封电报简短的一行电文,传告了一个噩讯……父因肝癌病故。

"我把电报交给他,他一看过,立刻就哭了,哭得那么悲伤,那么绝望。

"那天晚上,在连队前的小河边,我找到了他,安慰他。他向我讲述了他的不幸身世:在他十一岁那年,他的父亲和母亲离婚后,和话剧团的一位女演员结婚了。按照法律的判决,他由父亲抚养,他的妹妹由母亲抚养。从此,他再没有见到过母亲和妹妹一面。母亲调动了工作,带着妹妹不知搬到何处去了。父亲是知道母亲和妹妹的下落的,但不肯告诉他,怕他经常去找母亲,会在感情上失去他。继母虽然对他挺好,但却不能使他忘记亲生母亲和亲妹妹,书便成了他心灵的唯一安慰。他的父亲有近千册藏书,他下乡前,几乎遍读了父亲的那些书……

"我今天仍记得林凡对我说过的一番话。他说:'对于少年人,书是父母。对于青年,书是情人。对于老年,书是儿女。书是一切能读书的人的朋友。'

"而他后来是我们大家的朋友。

"我当时对他充满了同情。

他告诉我:他到北大荒的前一天,再三向父亲哀求,父亲才答应,负责通知他的妹妹在火车站和他见一面。

"第二天，直到列车开动，他才发现一个少女冲进火车站，在站台上追随着火车，一边奔跑一边呼喊：'哥哥，哥哥……'

　　"他无法知道那是否就是他的妹妹。那一天，有那么多妹妹去送自己下乡的哥哥。他没看清那少女的面容，只记得那少女穿一件浅绿色的连衣裙。"

程永新：收获三十年

程永新，出生上海，职业编辑，业余作家。著有长篇小说《穿旗袍的姨妈》《气味》，中短篇小说《到处都在下雪》，散文集《一个人的文学史》等。曾获得国家出版政府奖优秀编辑奖，现任《收获》主编。

一九五七年由巴金和靳以创办的《收获》杂志是新中国成立后的第一本大型文学双月刊，五十五年后的今天，《收获》已成为国内最有影响的文学期刊之一，它为中国的文坛培养出几代作家。如今，文学日渐萎靡，而《收获》却依然在努力地寻找着一条通往读者内心世界的大道。

《收获》主编程永新是一九八二年来到《收获》编辑部的实习生，那时候，他还是复旦大学的学生，凭着对文学的热爱，留在了当时归属于上海文艺出版社的《收获》杂志社。在他供职于《收获》的近三十年里，编发了大量的代表当代作家真实实力的文学作品。比如，《妻妾成群》《活着》《顽主》《高老庄》《务虚笔记》，等等。

近几年，他把眼光望向了年轻的 80 后、90 后，他大胆地推出这些被认为并不是"文学"的文学作品，比如，郭敬明、棉棉、笛安……等年轻的新锐小说作者，虽然引来无数争议和批判，但是，他却认为这才是文学期刊要做的事。

与他聊天，是从一个微博访谈开始，当我问及普通读者对文学期刊的关注度将会做如何转变。他回答我：读者对文学期刊的关注度就是读者对文学的关注度，文学日趋边缘和多元，这种趋势因网络新媒体的兴起而不会逆转。这条微博又被多个网友兴致勃勃地转发。

我知道，关于文学，关于期刊，我必须与程永新进行一次长谈。

一手抓名家，一手推新人

高　杨：《收获》这几年运营得如何？您觉得辛苦吗？杂志发行量依然是佼佼者吗？您认为，它凭什么能一直当文学期刊的第一呢？

程永新：还是很艰难的。我们没有国家拨款，上海其他几家杂志还有一些人头费之类的补贴，但《收获》从来没有。这也是历史遗留问题，巴金老先生以前办的是类似于"同人刊物"，新时期以来，老一辈编辑把杂志交给上海文艺出版社，所以，当它发行到五十多万、一百多万册的时候，是别人在赚钱的。

一九八六、一九八七年，我们收回刊物以后，成了自负盈亏的状态，一直到现在。所以，《收获》也就一直是事业单位，企业化操作。那么困难在哪里呢？是在于营利途径比较单一。巴金老先生在当年就不允许我们做广告，他说，你们又不缺钱。的确，在当时光靠发行，的确是可以养活这些人。但是现在这个趋势，纸质媒体的份额肯定是越来越萎缩，这个是没有办法的事情。

有了网络，有了电脑，以及数字出版、全媒体……纸媒肯定是不可逆的越来越不好。当然，现在还活得下去，一方面，上海作协支持，给了办公室，如果再出去租办公室的话，那更紧张。《收获》也是他们的下属单位，虽然是独立经营的刊物，也是受到他们的领导的。

再一个，《收获》也一直是企业化运作，对市场显得稍微要熟悉一些。所以，主要的困难还是来自市场的萎缩，图书期刊也都受这个影响。《延河》是什么状况呢？我还不了解。

高　杨：《延河》现在也正在经历转企的阶段，作为陕西作协旗下的一本刊物，既想做出些成绩，又存在很多实际困难。现在，文学刊物哪一本"活"得轻松呢？都很艰难的。记得几年前，我还是另一本文学刊物的副主编时，那时候发行压力及办刊压力巨大，当时的领导要求我要"一期比一期好"，我实在无法理解，对于文学杂志来说，一期比一期好该如何实现呢？正好，您在那次会上讲话的时候，谈到了这点"对于期刊来说，一期比一期好，那完全是外行话。一本好的刊物，只要是认真办刊的，把一年的刊物拿在手上，有几期，或者有几篇很好的，就很不错了。进步是一点一点的，文学刊物的进步，又不仅仅是编辑可以实现的，它包含着整个文学界的进步……"我当时听了这话，简直醍醐灌顶，非常感激。

程永新：倒也没有。只不过文学期刊也是越来越困难，因为中国人口比较多，情况比较特殊，我们也是在比较困难的情况下杀出一条血路，文学期刊又特别多。发行的压力当然也很大，这样找起原因来，也真会走错一些路子。

虽然，你也说《收获》一直是文学期刊的第一名，是因为我们一直支持原创作品。哈，刚才也有个记者在采访我，为我在微博里说了那个要抵制选刊的事，原创作品是杂志的生命啊，既然是要规范秩序，那就一定要抵制选刊。虽然很多选刊的主编都是我好朋友，（笑）我也不管了。

你比如说，上级领导给杂志批了每年一百万的稿费给作家，这个当然是好事。问题是，有些选刊他们完全不打招呼就转载我们发表的作品。大不了，给你一百五十的，就把你打发了，这实在是原创类刊物极大的损失，我觉得应该整顿和规范这个规则。

高　杨：《收获》之于所有的文学人和文学期刊的意义，就是永远是榜样，牢牢地坐在文学期刊发行量第一名的位置上。那么您认为，《收获》凭什么能够自从创办以来，一直坚守自己在文学人和文学界当中的地位？

程永新：我认为就是巴金老先生那辈作家，他们对杂志的希望，就是想让杂志起一个精神领袖的作用。所以，我对选刊非常愤怒，因为我没有办法去鼓励编辑的积极性，调动不起来。《收获》历史上对编辑要求就是非常高的，一个稿子我们要求编辑反复看。从一篇小说的来稿到最终发表，编辑至少要看三遍以上。这就是《收获》的一个传统，这绝不是某一个人才这么做，而是整个集体都这样去做，传承下来的，就是特别严格和严谨。

照理说，文学杂志应该就是一遍过手。有些作家都觉得很诧异，说：啊！你们还要我修改啊？小说还要改啊？（笑）那没办法，张辛欣、张承志等知名的作家，就是从不停地修改中过来的。从我是个学生、在《收获》实习的时候，就是这样不停地跟作家交流和互动的，请他们修改自己的作品。

如果说我们编辑提出来的意见是对的，作家就会心悦诚服，很高兴地修改，包括余华、格非这些作家，悟性非常高。你稍微有所提示，他们就会做出相当精彩的修改。在《收获》的历史上，很多精品都是修改出来的。比如格非的第一篇小说《迷舟》，我跟他说，你的语言太像拉美文学的东西，他拿回去改了一个星期，就改得非常好。

这个就是巴金先生传下来的，因为他们那一代编辑，本身也是作家，所以，他们知道写作中间的一些曲折和问题，有经验在里面。所以，从那个时候，《收获》就已经形成了与作家们良性沟通的习惯。现在也有很多新来的编辑，觉得我们这样的做法太老套了，太过时了。现在的文学刊物，还有几家跟作家这样沟通？"效率"太低了。

我想，也许在今天看起来有点老套，有点传统，但是恰恰是这样的老套和传统，保证了这本杂志作品的分量和质量。

当然，我们也不是完全墨守成规，也在想一些新的路子，比如说：从八九十年代到新世纪，文学边缘化的趋势愈演愈烈，那么文学边缘化也是个没有办法主导的趋势。《收获》慢慢摸索出一种办法，一半是原创作品，一半是文化散文，实际上就是专栏。比如余秋雨的《文化苦旅》《山居笔记》的成功，就是因为读者除读到了虚构的东西以外，还要读到一些非虚构的作品。而且，这一类的作品信息量要大。

那么这个也是我们的李小林老大姐想出来的。她慢慢摸索出这么一块的选题，至于它是什么？算什么？跟以前传统散文的概念比，如大散文、小散文或者别的？这都已经没有关系了。重要的是，他们对于读者的服务。较好的一些栏目，比如：李辉的专栏"封面中国"，美国《时代周刊》封面上那些中国人的故事，"一个人的电影"，等等。

这些都是我们跟作家共同策划出来的。这一块保证了很大的阅读范围和阅读的兴趣。因为以前读《收获》的读者年龄慢慢大起来了，那么你如何吸引一些年纪轻的读者。光是一些虚构的小说，已经不能满足他们了。当然，原创这一块，我们也是非常希望能够把中国一流作家的作品能竞争过来。另外一块，就是专栏的成功，就能始终保证我们杂志一个稳定的发行和传阅量。办文学刊物，你也只有一手抓名家名作，一手推新人新作，才是出路。

学习和研究是必须的态度

高　杨：明白了。也就是说，《收获》这些年来一直坚持创新，努力在质量上坚守一个高度，所以能够取得今天的成绩。但是，您也不可否认文学期刊的衰败，即使大家都努力去做，但还是有可能有一天，收获的发行量变成几百本，或者更少。那，您想没想过，要怎么办？

程永新：那是没有办法的，谁也阻挡不了这个趋势。从全球范围来看，全世界哪个国家也没有像我们国家这样，有那么多的文学期刊，这是一个历史遗留问题，新时期以来的种种问题，意识形态的问题，包括"文革"以后的问题。那时候，各行各业、方方面面的人都有很多的话想要倾诉，所以文学就成了一个很必要的方式。

这个时期过后，社会转型了，需要人们做的事情多了，文学的发展也进入了一个正常的轨道，自然而然看的人就变少了，变成相对专业的刊物。

可是对于文学刊物来讲就麻烦了，需要整顿，需要整合，如果不行，你只好要么转型，要么停刊。

高　杨：那如果有一天，发行部跑来说，程总这期真的只发了五百本，（笑）您怎么办？

程永新：唉，那也是没有办法的。你必须要认同科技发展啊，网络的确是方便啊，连我也在使用网络。我们中国人口多，那些边远的城市，还是需要文学和精神上的东西来做一些抚慰，我们这些文学期刊还是有很多事情可以做。

我也让我们的编辑都多想想其他的办法。包括电子的、网络的，《收获》能不能也多渠道发展？但是我们现在也不是完全企业化的管理，所以跟一些多媒体公司要谈合作的时候，也是名不正、言不顺。别人要求股权要清晰，那我们的属性又不是纯企业，所以也有很多问题。

高　杨：看来也有很尴尬的地方。一方面，杂志的日子都很难过，《收获》很难，《延河》过得也很艰难。但是，《收获》的态度很积极，一直在想办法突围，这很值得我们学习。另一方面，现在越来越多的人不喜欢读书，即使上网也不想看发人深省的东西，追求的是快乐。我们身边有很多著名的作家，很担心现在的风气，说大家都不用脑子，都不读书。但是，作为一个职场人，您又必须理解他们，他们压力巨大，如果回家还要看一些思辨型的文字，的确是很难承受的。作为一家文学杂志的编辑，我们又需要读者深入和安静下来。您怎么看这个问题？

程永新：我没有那么悲观。所谓的纯文学读者减少了，这也是很正常的一个问题，因为文学本身也遇到了问题，世界文学都遇到问题了，中国的文学怎么能不遇到问题？

文学本身到了一个需要整合的阶段。因为那么多优秀的类型小说出现了，以前有人说是通俗小说，现在我们统称为类型小说。大众看类型小说的眼光也各不相同，但是类型小说里也有很多很好的东西，我就看过一个美国畅销作家的回忆录，他里面分析的全是严肃作家的作品，非常好。

也许我们以前理解的纯文学、严肃文学在萎缩，而另一支力量却在成长。比如，我们就不说郭敬明等人，你就看看类似于南派三叔的《盗墓笔记》那种类型小说，动辄就是几十万册，当然这个里头到底有多少文学价值，我们可以另外再做讨论，再研究商榷，但是我们不能无视这些类型小说所占领的巨大市场份额。

我就跟我的编辑们说，为什么你认为是好的作品没有人看？反而，大多数的人，特别是年轻的读者，在看那些你认为不是"纯文学"的东西？难道你还认为问题都是读者的？面对这样的市场区分，作为一个编辑，你怎么能够不学习别人呢？作为一个作家，更需要去学习。所以，文学本身也在面临一种整合的需求和需要。

另外，我觉得可能也是我在这个行当里这么多年对文学是有感情的。但对于老百姓们来说，文学和精神的东西，的确不是占很重要的位置。

因为社会多元了、开放了之后，人们获取精神层面的渠道很多，不一定非要用文学的方式。并且，同时我们也要拷问，我们现在的文学作品，是不是就能够把这个社会、这个时代、这个世界里的丰富的信息量都囊括了呢？我看未必。反正我个人是觉得，现在的文学创作总体来说不怎么好。当然也有好的作品，但平均水平都不高。

高　杨：我们的作家自己也出了问题？

程永新：我们的艺术家实在不像艺术家。表现这个时代信息，必须要用艺术的办法，但我们的小说写的，实在是没有艺术的信息和气味。

高　杨：您在《收获》的二十年里，有二十年吗？

程永新：有，有，我算算啊，哎呀，二十九年了，我是一九八三年来到《收获》的。其实，严格地说，应该是一九八二年，那时候我还是个学生，到《收获》来实习，毕业后就留在了这里。

高　杨：那您到《收获》这么多年，编辑生涯中认为最优秀或者印象最深刻的小说是哪一部？

程永新：哈哈，这种问题不是要得罪人嘛！只让我讲一部啊！（笑）

高　杨：（笑）讲喜欢的一部，不会得罪人的。要讲最不喜欢的一部，就有人不高兴了。

程永新：（笑）应该说是一批吧。说一部嘛，对作家也不公平。再好的作家也不是每一部作品都好的，创作也是起起伏伏的，有的很好，有的也会有失水准。我们不能要求他们一部比一部好，那也是外行话。

文学需要新与旧的冲撞

高　杨：我还以为您会说《五花肉》也就是后来的《顽主》，早先听说这部小说的责编是您，我还以为是个年纪很大的编辑，没想到后来见到您，才发现原来责编这么年轻。这部小说在当时那个年代，普通的编辑根本会认为在胡说八道，但您却给了它一个清晰的定位，并且这部小说以及由它改编的电影后来爆红。我也注意到，《收获》一直都在关注新锐的文学人及文学作品。这个是不是因为刊物在上海，思想也比较前沿的缘故，推出了很多年轻并且相当有才华的作家。

程永新：是的，我一九八三年到《收获》后，严格地说一九八二年就在这里实习。跟原来那些非常有经验的、非常渊博的老编辑们有过很多交流，但他们毕竟对现代主义文学，对一些全球范围新产生的文学现象，接触得少了一些。但是这部分东西，会在我们与外界接触的时候，得到很多这类的信息。包括巴金老先生自己外语就很好，后来，他的女儿李小林大姐是学西方戏剧的，我们对外部的一些文学动向和发展都是很关注那些前卫的作家和作品。我个人不喜欢"先锋"这两个字，我愿意用"前卫"这两个字。我们对前卫的东西特别关注。

我们一九八六、一九八七、一九八八连续三年在每年的第五期及第六期推出青年文学专号。一批年轻人在尝试用艺术的手法来表现生活，我们不去给他们下定义，是现代主义或者什么别的，只是他们在用新方法，以前传统作家不会用的方法。包括到九十年代以后，我们也一直在推出这样的作品和作家。比如，莫言、马原、余华、格非、苏童，等这一批作家。还有韩东、朱文等。

韩东第一部皱皱巴巴的小说，就是我帮他整理出来的。我去南京，他坐了一辆很破的车，拿了一大沓稿纸，我们一点一点地整理好，最后再推出来。我们是大量地推出现在的这些年轻人。

包括李洱，他第一次给我的稿子很一般，后来，修来改去，改了五六稿，最后拿出来是很成熟的作品。

包括你们的老贾（《延河》主编贾平凹），他看起来很土，但是，内心也有很多前卫大胆的东西，他有很开放的思维，搞艺术的人这是必须要有的。高老庄里还有飞碟，古炉里面也有些穿越。

绵绵的《糖》也是我拿过来发表的。最后，还让我们写检查，我们坚决不写。写了一个文字的陈述。北京的丁小河说，"我看了另类的书稿"，就是卫慧的作品，我也建议她要修改，但是卫慧也不愿意修改。但是绵绵很配合，体制内的刊物，不可以如此体现性。结果我们出了一个截本，也被新闻出版总署点名。

还有郭敬明签约的作家笛安，她的第一部小说《姐姐的丛林》我们就发表了，发在中篇小说的头条，当时我们也不知道她就是李锐的女儿。后来还连续发表了她两部长篇，郭敬明也很聪明，他将我们发表过的小说改了一个名字，一下子就卖得很火，其实内容是《收获》发表过的。所以，期刊就必须要不断地有新人冒出来，有新的作品冒出来，才有生气。

高　杨：《收获》拒绝过名家的作品吗？

程永新：那太多了。作品很重要，当然，名家也有失手的时候，万一他写砸了，难不成我们还要刊发？

高　杨：那问个敏感的问题，您认为韩寒怎么样？

程永新：他现在这样搞，我反正有点看不懂，小说反正写得一般。并且他说的很多言论，不过是大家没说而已，也谈不上什么深刻。有一次参加一次研讨会，有一个研究生居然说：韩寒堪比鲁迅，天，我简直要晕掉了。（笑）

反正，他的小说写得很一般。但也没有关系，他至少不是垃圾，所以我们会去学习和研究。哪怕是有人说"抄袭"，我们也要去学习和研究，你也要坚持你自己的一些东西，但只有不断地学习和研究，你才能保持期刊的生命力。

我们也有一个新的栏目叫作"延伸阅读"，也发表过郭敬明的作品。发完了以后，被人骂得不得了，说《收获》怎么干这种事情，那我就是要干这种事情，如果你不去尝试，你怎么知道为什么会有那么多人关注？我也组织了一群特别传统的评论家来评论郭敬明，他的文本为什么会有这么多人热捧。这是很有意义的事，这会有一种冲撞，这种冲撞对杂志来说，会让我们的思维越来越清晰，我还发过悬疑、科幻、恐怖小说。我就是要放开手去尝试。

只要故事好，这是至少的。我不拒绝好的作品。但是很多作家，是有思考在作品里，但是，你的表现手法也要好，语言支离破碎，那也是不行的。

高　杨：我觉得《收获》是在开门办刊，那你们收到的各式各样的小说，各式各样的稿件，您觉得当下文学的总体创作水准如何？

程永新：我前面讲过，现在就是多元，类型小说比较发达，当然，如果单说类型小说的话，我们跟国外的作家是不能比的，但跟我们过去的创作来比的话，那这五六年内，进步太大了。而且里面有很多好的东西，比如南派三叔的《盗墓笔记》（第二次提到），那里头有很多好看的东西，还是需要大家注意到的。

那么你纯文学作家是不是也不要把故事写得那么难看呢？非要让人看不下去呢？对吧？（笑）就像我跟韩松（科幻小说作家）说过，你有很好的思想，但你没有很好的艺术形式，那你还需要修炼啊，你还要想办法的。你看看像国外的作家，像村上春树这样的小说家，那他也有《挪威的森林》这样的小说啊。对吧？

作家不能背对市场

高　杨：似乎所有的作家都很反感"市场"这两个字，一提"市场"就觉得媚俗了，但是作为期刊的人来说，假如一个作家，或者作品，背对市场，背对潮流，那这个期刊不死才怪。那么还有一部分作家说，如果我这个小说就是讲故事，那我就拒绝。那我觉得，如果故事讲得不好，思想再深刻，谁会去看啊？那么这个矛盾的双方就是，首先作家需要忠实于自己的内心，不受任何外来因素的影响来写作，另外就是市场对作家作品的认定和认可。您怎么看这个问题呢？

程永新：我想来这样阐述这个问题，第一，我们文学以后不管如何发展，他一些精神的重量和高度的文学作品，是永远需要的。可是，你这些有分量的东西，你如何到读者那里去，你需要有一个载体，人家要是看都不要看，那你怎么去传达你的精神和深刻的感受？所以，你必须去研究市场，研究读者。那么写作和传播的方法，都需要研究、改变、整合。那像笛安这样的年轻人，为什么写着写着就会再回归到传统作家的作品里面去。他们在自己编辑的杂志里面，专设一个栏目，全部都是大家和名家的作品，这种做法令我非常感动。

比如笛安，她在写自己的第四部长篇了，她跟我聊天的时候说，她还是看重后来的作品，因为她从二十二岁开始写到现在，她开始要求自己内心有一些重量的东西。

我们现在的一些老作家、传统作家，一说到市场他们马上就表示一种头痛的态度，表示自己的清高；一说到印数和版税，要得高得不得了，在乎市场得不得了，就是这么虚伪！

但从我的角度来说，在乎市场也没有错，但关键是你还是要研究市场。你也可以不向市场低头，问题是，你不低头，你的精神和高度如何传达给读者？你的终端用户如何能够得到你的服务？再说，创作这个东西，本来就是多元和丰富的。很多世界级别的大师，他们的作品也是很好看的，对吧？很多貌似通俗的故事来阐述一些人性的问题。比如还有一些得奖的电影，他的色彩、音乐、场面，很好看啊。加了通俗的元素，但他们依然保持着精神上的高度和思考性。

高　杨：那您的意思就是说，其实这之间是有一个很好的结合点的？

程永新：是的，至少是可以整合，可以研究的。对吧？很多作家说什么写了不打算让别人看，完全是陈述自己的内心。那你还发表干什么啊？你跟你自己对话好了呀？我看你跟你自己对的话，也不怎么样嘛！（笑）不要这么做作嘛。所以，《收获》见到这类作品，就要推掉，我全年就发六篇嘛，对吧？我总要发一些好东西吧？《收获》还是很珍惜版面的。

高　杨：有人说，程永新是很牛，是做出了很好的成绩，那也是因为他站在《收获》这个平台上，如果把他扔到一个县级的杂志里，他也未必能做出什么成绩。

程永新：对对，我觉得这话说得有道理。《收获》的确是一个很好的平台，包括巴金老先生啊，后来很多老编辑和老师们，他们一点一点手把手地教给我很多东西，在别的地方，或者别的杂志里，可能就没有这样的机会。

我想举个别的例子，我的好朋友宗仁发先生，他主编的《关东文学》，是一个多么小的地方刊物，那个时候，他一半是小说，一半是诗歌，他发了格非的处女作《没有人看见草生长》，写得非常好。宗仁发作为我的好朋友，我从他身上学到怎么去做编辑。后来，他这本刊物让我们都非常关注，北京的一级作家，都非常关注《关东文学》，他就是把一个地方性的刊物办得那么好，所以，我觉得事在人为。

《收获》这个平台是非常好，办成这个样子，我是做了一些努力，当然也不是我一个人的努力，在这里，我不想说太多的空话、客气话。但是，如果不是因为八十年代中期，《收获》的一群编辑敏感地察觉到中国文学将要出现一场"文学艺术领域的革命"，那么现在《收获》也会沦为其他一些刊物，在今天如此被动。

这个也绝不是我个人的力量，也是共同的力量。大家共同认识到，文学需要不断有新东西的加入，新的力量的加入。才能使你的刊物立于不败之地。

所以，把我放在一个地区刊物，我肯定不行。但是恰好我就被放在这个平台里，恰好我又愿意为它做些事情，那么相得益彰，我很幸运。

其实早些时间《收获》也并不突出，和它齐名的《当代》《十月》《人民文学》也都是很好的。当然，这个里头也有很多复杂的问题，比如体制的问题。

高　杨：很多时候编辑永远是幕后者，但我知道您同时又是作家，余华也觉得您"后来放弃写作觉得十分可惜"，有时候看见那些老朋友作品一部接一部，您想不想重新开始写作？

程永新：写作是一种特别辛苦的艺术劳动。就像某女作家说的那样，写作者都要忍受那种孤独和寂寞。其实编辑和作家的冲突是很厉害的。做编辑的话要为刊物着想，越能包容越好，写作的时候，完全又是个人表达，非常个人化，越个人化越好。

那么很多作家，比如余华、苏童和你们老贾（贾平凹）他们天生就是作家。他们能够面对那样的孤独和寂寞。我就不是个当作家的料（大笑），我贪玩、懒散。年轻的时候还很努力，现在就坚持不住。你比如老贾啊、王安忆，他们不写就难过。他们把写作时候的苦累当成享受，那这个就没有办法的呀！

我也说不定什么时候还是会写，但也是一种娱乐，挺好玩的我就写。但是我跟马原这种非常有职业心态的作家是不能比的。

高　杨：那最后这个问题就不用问了，本来想问哪个工作更令您有成就感，编辑还是作家？

程永新：当然是作家更有成就感。没能当个优秀的作家，就是因为你方方面面的准备都还没到那个分上。你要想去当作家，那就要下决心，我这辈子不写作毋宁死，那样才成，那就别当编辑。不要工资也要写，下得了这个决心才有可能。

其实，跟这个时代来说，当作家也很好。我也萌发过要离开《收获》的想法，去干干其他事情也好，比如，拍拍电影也行啊。当然，要跟现在的喜爱相关。

高　杨：您说到电影了，我就要问一下，现在很多小说家都投身到影视剧里去，利用影视推动小说。那么很多小说家的作品一出来，就能看出有强烈改编影视剧的愿望，文字有很强的画面感，文学水准却非常粗糙。那么小说作品水准越来越低，作家电影倒成了一个风潮，您怎么看这个问题？

程永新：我认为比较笨的人，才把小说写成为影视量身定做，聪明的人是要先把小说写好。

作家加入影视，我是认同的。客观上提高了影视文学的水准，你看我们好多的编剧，比如，邹静之是写诗的，王朔、刘震云等是小说家，一批人都加入了影视。中国文学对中国当代社会的影响，像水一样在渗透，不仅用文字并且还用影视的方式来影响中国的社会。

当然也有一部分小说家因为收益的不同，加入了影视也没错，但是，我觉得你所表达的故事性、艺术性、思想性、结构、深度、角度，都要提供一些不同的东西，而不是说你从文字的画面性来表现，那不行。

想赚钱就说想赚钱，不要说靠影视来推动文学，这种话真是虚伪。问题是靠近影视也不低俗，没什么可丢人的嘛，有什么好掩饰的？奇怪嘞！

程永新真是快人快语，语速和信息量都大得惊人。我猜这是他近三十年编辑生涯所养成的习惯。在与他的对话当中，出现最多的字眼便是"学习"。一本国内发行量最大的文学期刊的主编，如此客观而直率地表达，以及他认真办刊的态度令我感动。

可能是因为上海人务实的个性，再尖锐或者偏执的问题，在程永新这里都是值得商榷的。然而，作为苏童、马原、余华、格非的责编，说起文学、小说，他却能用最简单最朴实的语言，表述出深邃的意义。

对于文学的未来，他的态度自信而乐观。作为编辑家，他更在意一部作品的市场价值。虽然，因为他对文学市场化定位的认识，为他自己招来争议的口水，但他都会用老上海人特别的口吻说一句："哎，我就是要这么做，有本事您不要理市场，那您出书的时候，就不要跟出版社谈印数，对吧！那你就自己写给自己看好了呀！文学作品，如果背对读者，背对市场，没有很好的艺术形式，那如何到达您所服务的终端——读者那里，真是搞笑！"

　　跟他的访谈，令我觉得痛快。身边太多酸文假醋的所谓文学人，让人觉得累，觉得憋闷和绝望。一个文学人，只有懂得打开自己的心，放弃因为闭塞和无知造成的固执，才会找到一条康庄大道，通往每个读者的心。

如何写一部长篇小说

　　我个人认为，中国很多中短篇小说与世界优秀作家的作品放在一起毫不逊色，而长篇小说跟世界级作家放在一起的话，就有很多问题值得研究和探讨。我们现在每年有一两千部长篇小说出版，这还不算网文，可是这么多长篇中能够被记住的却很少。

　　我们现在对小说的价值判断往好里说比较多元，往坏里说比较混乱，缺少一种相对恒定的价值标准。有人说几十年中最好的作品是《白鹿原》，也有人说最好的是《废都》，大家都在讲自己的话，你说你的，我说我的，常常鸡同鸭讲。有没有相对恒定的价值标准？我觉得应该是有的。

　　那么长篇小说写作需要理清哪些问题？

1. 路　径

　　第一个路径当然是现实主义。

　　余华的《许三观卖血记》《活着》是现实主义的写作方法，后来的《兄弟》分上部和下部。很多人非常喜欢上部，不喜欢下部，为什么呢？余华是写完上部就出版，再出版下部的。上部还延续《活着》《许三观卖血记》的方法，到了下部，他所表现的现实让他抑制不住要飞起来，所以才会有后面的荒诞和超现实的描写。《兄弟》无疑是一部文学史绕不过去的作品，现实生活逼着作家这么去表现，而上下部一起出版风格会不会更统一，效果会不会更好呢？这可以讨论。

第二个路径——现代主义与后现代主义。

"五四"时期的作家对现代主义已有很多学习，鲁迅的《狂人日记》即受现代主义影响，但是后来我们有很长一段时间杜绝外来文化。改革开放后，我们的翻译家大量引进国外的优秀作品，加之我们对自己传统的学习，所以中国作家在这个时期进行了大量的试验，一些批评家，像陈晓明也在那时对现代主义和后现代主义理论进行了阐释。虽然现在回头看有很多东西需要修正和清理，但那个时代是中国文学真正的黄金年代，中国作家的创造力和想象力在那时完全爆发出来。

虽然我们后来在反省先锋文学是否存在学习过头的问题。但是客观地说，现代主义与现实主义的融合，成了无法抹去的一个事实。最近路内与我在微信上讨论，他说现在很多现实主义作品其实是伪现实主义，我说如果没有现代主义、后现代主义跟现实主义的融合，中国文学的未来可能不会走得太远。

第三个路径——类型小说，包括网络小说。

进入二十一世纪后，中国类型文学发展非常迅猛，刘慈欣的科幻小说《三体》挑战了人类想象力的极限。刘慈欣的语言不华丽，但非常结实、准确，就像我们讲哈金的小说像推土机一样地往前推进。

网络文学也有很多可以研究，但是因为体量太大了，我们不可能全看，只能挑着看。比如说《琅琊榜》小说本身未必有多少重量，就是一个类似王子复仇的故事，被冤屈的少帅，在江湖上混成老大后回来复仇，但是《琅琊榜》的故事结构很值得分析和探讨。

所谓路径，就是作家在写作长篇时要有明确的意识，知道自己是哪一路的写作。毕飞宇就非常清楚现代主义的风格非他的长项，现实主义最适合他，所以他只研究十九世纪的经典作品，这是一种自觉的意识。

作家自己的路径一定要清楚，优秀的作家都在某一段时期进行非常深入的思考，世界观、艺术观确立了以后他会写出一批作品。但过一段时间，他的想法变了，有了新的追求，他又会写出一批能够表现他新想法的作品。这是蜕变，一个真正优秀的作家正是在一次次的蜕变中诞生的。

2. 架　构

中国及世界历史上都有长河小说，比如，普鲁斯特的《追忆似水年华》很典型，其中每个小细节每个小物件都跟整个小说的叙述结构紧密联系在一起，这样的长河小说我们不一定从头到尾把它全部读完，无论从哪一页，哪一本读起，都会带给你灵感和想法，你今天读一段，过些年再读，它像音乐的旋律始终回响在你的耳边。

长篇小说的架构跟它的内容必须要匹配，我们中国作家的长河小说是值得商榷的。中国的长篇小说普遍都写得比较长，以鲁迅文学奖的标准，十三万字以内是中篇，超过十三万字才算长篇。而国外有些小说比如帕特里克·聚斯金德的《香水》，主人公是制造香水的，迷恋少女的体香，因此杀死二十六个少女制造香水，长久占有她们的香味，这本书只有八九万字，你一口气读完丝毫没有匆匆而过的感觉，他写得非常结实，人物的心理非常到位。纳博科夫《黑暗中的笑声》约十万字的篇幅，承载的内容非常沉重，对人性恶的呈现非常有力量。我觉得我们很多长篇小说真的应该想一想是否有必要写那么长，很多长篇在我看来就是中篇的架构，完全可以用短一点的篇幅来完成。

3. 与现实的关系

西方文学重视挖掘人的深度、人的处境、人的精神世界，都是些终极问题，因为西方哲学较多考虑的是"我"跟宇宙的关系，"我"跟上帝的关系。而中国哲学系统里，儒家文化比较多考虑一些现实的问题及关系，比如君臣父子的关系。当然我们也有道家，但是道家后来慢慢被边缘化了。东西方文化有很大的区别。

阎连科说"现实是巨人，文学是矮子；经典是巨人，中国文学是矮子"，从某种角度我很认同，中国文学的想象力和创造力都是有缺陷的，因为各种各样的原因，我们的想象力跟创造力没有真正地释放出来。现在很多畅销的文学作品体现了我们的思想传统，"如何改变个人命运"是一个比较强劲的主题。

而世界上很多一流的小说是从生死出发，比如石黑一雄的《别让我走》，刚读的时候觉得很像文青写的东西，但是越看到后面越厚重，在英国乡下，一群孩子受到非常严格的训练和学习，他们学音乐，学诗歌，但不许抽烟，不许谈恋爱，不许与外界交流，非常严格。后来他们中有人偷跑出去，与外界接触，终于发现原来他们是一群克隆人，他们每个人在世界上都有"本尊"，如果"本尊"生病了，就需要他们捐器官，每个克隆人都会多次捐献自己的器官直到生命终结，这就是他们存活于世的价值。克隆人会如何面对自己的宿命？村上春树说，近半个世纪中他最喜欢的书就是《别让我走》。

需要在现实的缝隙当中寻找虚构和想象的维度，但很多现实当中存在的问题从艺术的角度留给写作者的余地和缝隙不是很大，我们要在这个现实的缝隙里面寻找到最大的表现余地。

4. 视　角

《铁皮鼓》是以侏儒的视角看待世界。《喧哗与骚动》是以傻子的视角，傻子看到的世界可能是颠倒的。布尔加科夫的《大师和玛格丽特》把多声部的复调小说写作达到极致，整个故事非常像寓言，也不复杂，但是他写了几十个人物，每个人物都有不同的视角，并在跟魔王的交集当中呈现出每个人的人性。

5. 语　言

语言对长篇和中短篇一样重要，但是长篇小说因为篇幅长，对语言的控制力提出很高的要求，比如上下部风格统一，比如语言始终保持弹性和张力。我们经常讲小说第一句很重要，第一句话开始就定调了。像一首曲子一样，调子定下来以后要一直维护到结尾，这非常考验写作者的能力。关于语言，美国批评家说文字是插在皮肤上的箭，要有准确性。但是也有另外一种表述语言是从内心流淌出来的声音，具有音乐性，越是平白如画的文字越能表现混沌的意向，作品的维度越大。

6. 核心情节

本哈德·施林克《朗读者》的主人公汉娜是文盲，她很喜欢少年米夏为她朗读文学名著，二战结束后，汉娜作为战犯被审判，因她曾是纳粹集中营的女看守，为了掩饰自己是文盲的秘密，汉娜拒绝比对笔迹自证清白，因此入狱。米夏给狱中的汉娜送去朗读的磁带，汉娜逐渐识字，并开始反思自己的罪行，最终自杀。哈金的《等待》讲的是部队医院里的医生孔林和乡下包办婚姻的老婆淑玉没有情感，孔林一心想离婚，好与护士吴曼娜结婚，他每年夏天都回家和老婆谈离婚，足足等待了十八年终于离婚成功，和护士在一块了，却在他出差期间来了个无赖将护士强奸了，造成护士后来的悲剧。

我为什么要把这两本书放在一块来讲呢？《朗读者》的核心情节特别自然，始终由"文盲"这个因素推进。而《等待》中的转折则出自外来因素，强奸造成主人公的悲剧，并且外来因素建立在偶然因素之上，恰恰在丈夫出差时被强奸。我觉得核心情节应该在生活的土地中非常自然地长出来，而不是出自外加的偶然因素。核心情节是长篇小说的骨架，就像造房子的骨架，设计的好坏决定了长篇小说的成败。

7. 细　节

我小时候听过一个故事，印象特别深：一男一女坐在那里吃汤圆，女的咬一口汤圆，汤汁溅到男的手上。女的拿出手绢放到桌子上，男的不动。她再把手绢往前面推一下，男的还不动。女的说，你为什么不擦一下？男的说，你碗里还有一个，等你把碗里的吃了，我再擦。我听过之后一直忘不掉，因为细节鲜活生动。格非《人面桃花》里面的长廊、水缸、鱼，所有的小细节都自带隐喻，做得考究。我们可以想想《红楼梦》贾宝玉身上那块玉的设置，那个玉掉了，贾宝玉就生病了，这种设计带着隐喻和象征，特别有意味。

8. 借鉴与资源

借鉴无非是几个方面，向传统学，向西方学，还有向民间学。网络时代，民间智慧尤其丰富，网上的段子比我年轻时候读的苏联笑话要精彩很多，这种民间智慧体现了中国人的创造力。

金宇澄的《繁花》，我们谈得比较多的是它跟传统的关系，它的叙事方法是借鉴古典小说的，话说两头各表一枝，有人把它跟张爱玲，甚至和《红楼梦》联系起来解析，但我恰恰以为《繁花》的现代性被我们忽视了。《繁花》的主题是什么？你仔细地研读，它讲的是岁月无情人生如梦。

9. 幻想元素

苏童曾经说写作起码要离地三尺，这与贴着地面行走是完全不同的文学观。人工智能现在很发达，而关于机器人的小说在二十世纪二十年代就出现了，五六十年代我念大学的时候就读过写机器人的小说和剧本，他们预言的未来世界变成了今天的现实。那时的作家为什么能够预言今天的世界呢？幻想性起了很大的作用，而我们今天的作家要写未来，没有刘慈欣《三体》那样的想象力，没有幻想元素是无法预知未来的。

张炜：文学表达是生命的基本需求

　　张　炜，1956 年生于山东龙口市，原籍山东栖霞。中国作协副主席、山东省作家协会主席。1975 年发表诗，1980 年发表小说。发表作品一千三百余万字，被译成英、日、法、韩、德、瑞典等多种文字。在国内及海外出版单行本四百余部。主要作品有长篇小说《古船》《九月寓言》《外省书》《远河远山》《柏慧》《能不忆蜀葵》《丑行或浪漫》《刺猬歌》《半岛哈里哈气》及《你在高原》（十部）；散文《融入野地》《夜思》《芳心似火》；文论《精神的背景》《当代文学的精神走向》《午夜来獾》等。

　　1999 年《古船》入选"20 世纪中文小说 100 强"和"百年百种优秀中国文学图书"，《九月寓言》与作者分别被评为"九十年代最具影响力十作家十作品"。2008 年，新作《你在高原》获"鄂尔多斯文学大奖"、香港《亚洲周刊》全球华文十大小说之首、华语传媒大奖杰出作家奖、中国作家出版集团特别奖、出版人年度作家奖、茅盾文学奖等十余项。

2011 年 8 月，凭借一出版就引发巨大反响的鸿篇巨制《你在高原》，作家张炜荣获第六届茅盾文学奖。

《你在高原》耗费了作家二十年的心血，长达十部、三十九卷、五百五十万字，这样的规模和长度，我总觉得在我们的时代是没有几个人能耐心读完的。但是，张炜却耐心地完成了它。虽然，作品的高下不能用它的长度来衡量，但这部中国文学史上最长的小说的出笼，似乎是我们一直以来都在期待的事情。

张炜的获奖是理所当然的。《你在高原》裹挟着一个时代和一个民族的文学意志力隆隆而至，是一部"足踏大地之书，一部行走之书，一部时代的伟大记录"。

作为作者，张炜"疯狂的创作激情"令人惊叹和尊敬。

艺术就是在风暴中享受安静

高　杨：您一直觉得安静对一个作家很重要。如何能够创造意义上的安静？在您的作品中人们也常常获得安静？我们置身于一个轰鸣喧嚣的世界，您的这种力量从何而来？

张　炜：吵吵嚷嚷的环境谁都会烦，谁都会千方百计地寻找安静的地方。但是这很难。即便关上门窗也不行，现代生活的巨大轰鸣声会穿墙而入。我离安静还差十万八千里，仍然要忍受折磨。这是没有办法的事。因为我们生在了一个特别的时代，整个世界都处在了惶惶不可终日的追逐中。这既然是我们大家的悲剧，那就只好一块儿往下演吧。

高　杨：您多次说过作为建立真正意义上的自信，要敢于面对遥远的自己，您认为如何才能建立有效的自信？

张　炜：扪心自问，我还没有什么足够的自信。人的自信心也不一定使其强大，它也是有前提的。一般来说，相信劳动的意义，做一个不断追求真理的、有理性的人，才会具备一点点自信心吧。我大致上还是一个庸庸碌碌的人，一个很能迁就的人，所以并不是一个很自信的人。我希望自己能从广泛的阅读中寻找智慧和力量，靠近那些大心灵。

高　杨：有人说，您的作品晦涩、灵异，想象空间巨大，语言和线索复杂，并不是给一般的读者阅读的。是这样吗？

张　炜：实在一点说，我的作品比起真正的杰作来，还是显得有些过分通俗了。这仍然是对读者自觉不自觉的迁就造成的。真正意义上的个人写作、能够经受时间检验的作品，绝不会是那些一心讨好读者的文字，而是正好相反，它必然要具备一定的晦涩性。但就目前的情形来说，我们时下的作者大致上还是在写一些比较通俗的作品、寻求读者喜欢的作品。这方面，我们本来应该、也能够做得更好一些。

高　杨：我们身边很多作家的作品，都被改编成影视剧，甚至京剧、话剧。而您的作品一直很安静地被放在书架上，您有没有动过心，想把您的小说改编成另一种文化载体？

张　炜：文学作品改编成影视，这不是作家的事情。影视是另一种艺术产品，基本上与文学作品没有什么关系。文学作品是属于作家个人的独立创作，而影视作品是众手合成的艺术产品。"产品"与"作品"是有区别的：从产生的那一刻起，"产品"就具有很强的商业属性，而"作品"基本上是没有的。

高　杨：阅读之于您意味着什么？您还是一家书院的院长，您有时间阅读吗？您认为阅读对于一个人来说，意味着什么？

张　炜：书院是公家的一个单位，我是它的名誉院长，并不管日常事务。

说到阅读，这不过是重要的生活内容之一。就像再忙也要吃饭一样，阅读从来不是个时间问题。不吃饭会让人感到生命可疑，不阅读也会给人这样的感觉。

特别是年轻人，一定要有阅读的习惯。人们现在议论最多的是中国的教育体制，开始进行反思了。从小学到中学再到大学的应试教育是非常可怕的。现在教辅多得汗牛充栋，有的是出于忧虑，有的仅仅是一种商业行为。那么，作为作家，作为这个社会时代的记录者，我们不能在这场教育的反思和变革中做一个袖手旁观者。我们也要有声音，也要做努力。所以，我常常会号召大家去阅读。孩子们应该从学会阅读开始。那些从僵死刻板的教育机器形成和生产的一些后果，就是让人丧失了阅读能力。那么，我们每个人现在是否都不同程度地存在这种倾向呢——不能高估自己，我们也是这个时代的产物，所以也应该有这样的忧虑。所以，我们要从头寻找阅读的方法，形成自己的阅读习惯，不妨从一些最有魅力的、令人着迷的书开始读起。

高　杨：您曾说过，您对山东这块热土非常热爱。能讲讲么？

人在年轻的时候，创作的时候，很怕带上本地的味道。但似乎随着年龄的增长，创作中越来越离不开自己的故乡。您觉得是这样的吗？

张　炜：年轻的写作者怎么会"害怕带上本地的味道"？人的一生都在写自己的那块土地，这很难有什么例外。

一个作家，不管是中外，还是古今，本质上都有宇宙感，康德说"天上的星空"，荷尔德尼说"黑夜里走遍大地"，作家对头上的星空、脚下的大地有着难以言表的感情和崇拜，或者可以说这是一种神性。比如李白的"举头邀明月"，比如俄国三大作家托尔斯泰、屠格涅夫、陀思妥耶夫斯基亦如此。跟星空大地的牵念非常明显，正是人们形容的"大地母亲"一般。这不是文学的风格，也不是色彩的追求，而是生命本身的追求。脱离这个追求，文学就会变得很单薄。

高　杨：您曾说过，文学不会死，需要坚守。要如何坚守呢？您自己又是怎么去坚守的呢？

张　炜：文学并不需要"坚守"。文学及文学表达是生命的基本需求，是与生俱来的一种本能，是与生命共生共在的现象，也是自然而然的事情。

好作品自然而然地拒绝乌合之众

高　杨：您写了那么多的长篇小说。在创作量的层面上，已经达到了一个高度，为什么还要写一部《你在高原》这样的书呢？写这部书大至耗费了您多少时间？在这漫长的时间里，您如何保持这种创作的激情？结果还有人表示没有人爱看，或者，更多的人说，匆忙的生活中，实在没有时间去看完它。您又做何感想？

张　炜：文学写作在进行时，许多时候是没有什么现实功利性的，这是非常个人化的事情，是心灵之业，与读者无关，与创作量也无关。但是它出版之后，就有了读者的问题，也有了其他的问题。不过这些问题的出现，比起写作的过程，比起写作的本质意义，都是微不足道的。说到阅读，不读书的人，不具备深入交流能力的人，是不在话下的。其实《你在高原》的发行量已经大大出乎作者和出版者的预料了，它在两年多的时间里，已经比预料的多出了四五倍，还出现了多种盗版本。实际上像《你在高原》这种书，能在三五年里印发两万套就很理想了，不必有现在这么高的印数。看看书史，任何一本书，往往是开始的小印数，才更好地预示了其长久的生命力。要自然而然地拒绝乌合之众，这是所有好书的基本特征。

　　因为当时开始写的时候年轻，年轻人就敢做事情、敢想事情。做开头之后就得做下去。原来计划写十年，后来发现没有那么简单，以至于十五年，以至于二十年，以至于二十二年。这是一个不能放弃的工作，已经开始了就不能放弃了。当然，这还不是最重要的理由。最重要的理由是我们的民族、国家，几代人他们很漫长、复杂的经历需要一部书去完整地记录、描述、展现。

　　我有一种责任感，深入这个世界之后，觉得这个世界特别惊心动魄，有一种记录和再现。本书从头到尾还是情感比较饱满，我一直在这样的坚持、感动、追溯状态下度过了二十二年。但是我也不急。

　　一开始我就给你说过，这么大的劳动是会伤身的。但是任何劳动有伤的一面，就有养的一面。这二十二年的工作里更多的是对我的滋养，身体方面、思想方面、性格方面。写作如果不能让自己进步，那么这个写作是失败的。这个意义上讲，《你在高原》的写作帮助我度过这二十二年，让我觉得这二十二年过得充实，有意义，有劲。一个作家写多的东西、写长的东西不一定可贵，要写饱满的、有感情的有力道的作品，这种作品才是可贵的。

所以我个人一开始写了六百六十万字，很长，压缩后去掉一百一十万字，是今天的规模。

高　杨：有人说，您的这部作品恰恰表现出您的不自信，在用一种超长、超大的形式感，达到一个别人无法达到的高度。您怎么看待这个问题？

张　炜：那是在二十二年的时间里一个字一个字写出来的，希望质疑者经历和尝试了这种劳动之后再进入这种讨论。

高　杨：您曾说《你在高原》是为二十世纪五十年代的人立传。身为一位五十年代的作家，您觉得自己有和别的年代作家身上不同的特质吗？是什么呢？

张　炜：五十年代生人是书中写到最多的。这一代人经历的事情很多，我在作品里，把他们当成是枢纽式的人物。

很奇怪的，他们横跨了两个不同的时代、不同的时期，并且，这两个时期的差别那么大，他们在这个十字路口上，是起着重要作用的一拨人。这一拨人的经历啊，也可能是我个人就宿于这个年代，太特殊，太不容易。

十几岁他们就遇到了三年困难时期，后来，又经历了大大小小的社会动荡。有一个特别重要的转折，恰恰发生在他们最好的年华里，就是改革开放的前后。他们需要对自己的精神、思想、思维，以及个人的生活道理，做多么大的调整。

其实，他们什么也来不及准备，但是，他们必须面对个人生活道路，特别是心灵的调整。所以，他们心里往往装了大事。你会发现他们关心国家民族的问题比较多。所以，我认为，了解了这么一代人，你就会对于中国的现代化问题，对于未来，对于现在生活进行时的问题，有一个更深入、更全面的认识。

五十年代的人，是顽强和尴尬的，他们从一个"激情燃烧的岁月"中走来，人生中有那个岁月的烙印，所以很多东西他们不会放弃。他们会思考、会追溯，其实他们是特别不物质化的一代人，但又遇到了现在这么一个非常物质化的年代。所以，他们内心的冲突会很激烈，同时他们会生活得有所尴尬。并且，我发现在这一拨人里，有一部分人依然无法放弃自己，还是在思考，他们就用作品、言论、演讲，来影响比他们年轻一点的人，告诉他们，有更重要的东西需要我们关注，否则的话，我们的社会就会很危险。

虽然每个人都会遇到这样的悖论，出世、入世，积极、消极，但我觉得五十年代生人内心的反差更大，内心的冲突更激烈。所以，我选择了这一拨人，想把五十年代人的这部分特质体现出来。

当然任何一代都会认为自己是特殊的一代，都很了不起。但问题是不同的时代出生的人，的确是有极大区别的，会有一些时代的特征。对于我来说，我最了解五十年代的人。

写作是一种心灵的需要

高　杨：您有宗教信仰吗？您的信仰是什么吗？宗教对您的写作有没有影响？

张　炜：我没有宗教信仰，但我有信仰。相信这个世界具有永恒的真理并愿意追求它，这就是信仰吧。

高　杨：能回忆下您在档案局工作的那个阶段吗？您如何开始写作？又如何坚持写下去？

张　炜：当年是业余写作，星期天还要在单位加班，所以留给个人写作的时间很少。《秋天的愤怒》以前的作品大多都是在夜间写的，凌晨两点以前很少睡觉，这样一直坚持到一九八四年下半年。专业创作以后晚上就不写了。

高　杨：在您心目中，写作是为了什么？达到自己的目的了吗？

张　炜：写作是一种心灵需要，这样的工作对自己精神上的成长很重要。客观上也想让作品有助于这个世界，即有益于世道人心。这样的事业当然值得认真投入。开始的时候未免逞强好胜一点，写得久了，功利心也就淡下来，只是因为对真理和艺术的深爱才写。

高　杨：您曾说，写作这种劳动是幸福的。写了这么多年，除了写作本身带给您的快乐，您有没有意外收获？

张　炜：意外的收获，就是写作这种劳动让我变得健康了一些。不然身体就会变得更糟。写作有利于身心，这是以前没有想到的功用。

高　杨：有人很绝望地认为文坛浮躁、文学已死，您这么看吗？您又如何抵抗来自各个方面的影响。

张　炜："文学已死"这种说法是无聊至极的，不是一个值得讨论的问题。这只是一些与文学无关的人在闲扯，他们不明白文学与生命的关系究竟是什么。无论什么时代，杰出的写作只能是一小部分，是这些构成文学写作的核心。浮躁是正常的，任何时期都会有各种各样的一些问题，这并不妨碍文学。

高　杨：您曾说，文学比太阳还长久，为什么这么说呢？有什么切身的感受呢？

张　炜：如果人类没有能力在太阳系结束之前移民其他星系，那就不存在这样的豪志了。这既是个科学问题，又是个宗教意义和生命意义上的问题了。

高　杨：您曾是诗人，您还写了几百万字的散文，同时您又是小说家。这三种文体分别带给您什么样的感受？更偏爱哪一种？

张　炜：我不将自己界定为专门的小说家（作者），所以我只是在认真地表达个人，采用各种合适的方式。我平时的社会工作也是这些表达的一部分。当我运用一种体裁时，我就会极大地依靠它，并尽最大可能深入它的内部，以便使我的表达变得透彻和有力量。

高　杨：有人说，时代变迁，人在变，文学也在变，您跟三十年前相比变了吗？它又有怎么样的变化？

张　炜：从绝对意义上说，世界上没有什么不在改变。但是我们现在应该更多地研究那些不变的东西。不要说三十年，即便是几千年来，文学的基本标准都没有变。如果认为在这个数字时代，文学的基本标准就会丧失、会极大地改变，那只是一种误解。比如，对语言的苛刻要求、对思想与艺术含量的精准把握、对写作者心灵指标的细致感受，这些永远都不会改变。

高　杨：您曾说，读者不问，问者不读。令我马上想到记者们，作为中国最一线的作家，您一直被各种记者提问。这种感觉怎么样？

张　炜：一方面文学写作是具有极大晦涩性的心灵之业，另一方面这种工作又是面对当下读者和漫长时间的。真正的读者是蕴含于时间中的，写作者要毫不侥幸地想好这一点才行。所以，写作这种事既不能为满足当下而做，又不能一厢情愿地直奔未来的"文学史"——那也是小作的。一切贵在质朴自然，要不间断地积极地劳动下去，这才是有意义的。

两年前，一次会议间隙，我曾与张炜有过一面之缘。这次采访联系他的时候，我努力回忆当时的情景，却想不起很多。只记得席间别的作家朋友，一会儿唱评戏，一会儿说笑话，还有且歌且舞。

写作是孤独的。写作者们的聚会，常常是需要放松自己，尽情释放自我。但张炜并不这样，我记得那天晚上，他始终偏安一隅，安静地享受着与朋友相处的愉快，做了一个忠实的观众和听众。可我觉得蕴藏在他的祥和、儒雅背后，是一股大得惊人的力量，以及令人震撼的顽强。

对他的采访好艰难。他人在异地，似乎还要再赶几处。行程中，每到一站都赶紧上线，查看我的短信和邮件。隔天，我也必能收到他的短信和邮件。通电话的时候，声音压得极低，要重复多次才能听清。

但我此时非常感谢这些艰难的交流。因为，通常只有在朴素和艰涩中，一个时代的精神浮雕会变得更加逼真和栩栩如生。

童话和城堡

——选自《你在高原——橡树路》

人的心中常常滞留了一个童话——它最初不知是从哪儿进入的，不知是来自梦幻或其他，反正只要印上心头就再也排遣不掉，它就一直在那儿诱惑我们。比如一说到"童话"两个字，我的脑海中就会呈现出一幅清晰明亮的图画：走啊走啊，疲惫干渴地穿越一片无边的荒漠，近乎绝望时眼前会突然一亮——豁然开朗的谷地里出现了清泉绿地，大树亭亭，一处处尖顶楼阁爬满了青藤，精巧别致、楚楚动人……因为一切都是在困顿煎熬的跋涉中突兀发生的，所以直看得人目瞪口呆，掩口失声。这当然不会是实实在在的人间——起码不是我们经验中的那个人间。而人间到底是怎样的，我们大家太熟悉了。人喊狗叫的嘈杂，烟尘和泥泞，寒酸和拥挤……

那个童话无论多么遥远，多么缥缈，也还是充满了诱惑。

是的，所有的童话中都有城堡，有奇妙的故事。那些故事曲曲折折，惊险或最终有惊无险：老狼和狐狸，真正的魔鬼，仙女和王子，以及这一类纠缠一起的、或有趣或可爱的动物和人物。人有时真想变成这其中的某一种东西，哪怕是一棵植物也好，目的就为了有机会亲历那个童话，生活在那样一个迥然不同的世界里。如果能够这样，人的一生真是死而无憾啊！

可惜童话就是童话，谁想把它复原，把它移植到现实生活中来，那差不多等于是痴人说梦，仅仅止于幻想而已。

可是我这会儿却要多少冒点风险，要言之凿凿地说出，我就经历了这样的一个童话——那儿真的有城堡，有仙女和恶魔，有它应该具有的一切，特别是有那样的一些惊险故事。我敢说这全都并非虚拟，虽然它今天回想起来仍然如同梦幻，但确实是发生过的。总之经历了这样一些事情以后，让我明白了一个道理，即许多童话般的奇迹在人间也会真实发生，问题是我们愿意不愿意承认它们，愿意不愿意直接地、大胆地走进它们当中。

如何识别存在于人间的活生生的童话，第一眼的印象，即最初的发现至关重要。如果第一次就看走了眼，一切麻烦也就接踵而至，接下来的许多奇迹很可能会视而不见。我并不是从一开始就明白这个道理的，而是在后来一点一点晓悟品咂出来的。我只能说自己当时仅仅是一个幸运者，是有那样的机缘而已。也就是说，我不过是碰巧看到了，然后一下惊呆在那里，所谓两眼直勾勾地站着，口不能言手不能举，惟有压住了心中的一个惊叹。

接下来就是稍稍平静一下自己，一点一点地往前走、走过去……就这样，一直走进了那个童话当中。

不错，我们的整个故事，起码从外部看起来要很像童话的样子：具备一部迷人童话的所有元素，比如茵茵草地上的城堡、一片足以藏住许多意想不到的古怪故事的蓊郁。这可不是说说玩的，因为谁都知道在当今这个世界上，要找到这样的一个地方比登天还难。

当时我还十分年轻，头发又浓又黑闪闪发亮，唇上刚长了一层茸茸，整个人稍稍瘦削却又筋道道的，总之正是处在有能力干许多坏事和好事的那样一种年纪。记得那天我背了个大背囊——这套行头以后我还要一再说到，因为它是我的一件随身宝物——站在一座残破丑陋的城市街巷上，十分空虚和无聊地四处走动张望着。这座城市可是第一次踏进来啊，可怎么看怎么像是踏进了一片似曾相识的旧地，眼前的一切全无生气，全无新鲜感。类似的城市好像在哪儿见过，我读书的地方，还有我去过的一些人烟稠密之地，它们的模样大致都差不多。它们之间的不同，不过是有的大一些有的小一些，有的旧一些有的新一些，有的像刚刚摆放的一堆火柴盒，簇新然而单薄，好像一阵大风都能哗啦啦刮倒。眼前的这座城市大而陈旧，名声不小，这会儿看上去是多么大的一摊子啊，它深不见底，十二级飓风刮一年也吹不干净。脏是不用说了，几乎看不到一棵像样的大树，满街的坑坑洼洼，积水和污泥，杂物和垃圾尘土，这都是再自然再熟悉不过的了。那种充斥在街道上的喊叫啊，那种城市里才有的长声大喊啊，纵横交织，高一声低一声，有时急切有时凄凉，让人无望而沮丧。我站在那儿很长时间一动不动，惊魂未定，当时在想，怎么办啊，我从现在开始大概就得在这样一个地方长期待下去了。沮丧，可是没有办法，这就是我的命，一个青年无足轻重的命。我的到来，对于这座无边的混乱之城而言是无所谓的，不过是九牛一毛；可是对于我个人则不同，这是生死攸关的大事，是在哪里生活一辈子、能不能快乐生活的大事。

当时我刚刚从一所地质学院毕业，志向不大也不小。比如想干一番规模不大的事业，想围绕自己打小就有的一些爱好奋斗一番；

更具体的，是想拥有自己的一处住房，这住房不必很大却需要安安静静，不透风不透雨。当然了，还想找一个好姑娘。这最后一个问题其实也是最重要的问题了，因为我刚刚不久因失恋而备受折磨——这事儿现在最好连想也不要去想，这是丧魂失魄的事儿，就让它快些过去吧。为了这事我已经死过一回了——真是折磨人啊。可是未来呢？那位未来的好姑娘难道就藏在这座乱哄哄的城市里？她到底什么模样？一切都说不准，这会儿绝不能先入为主，不能像个书呆子一样从书上画报上抄一个人模子，然后对号入座，那样最后吃亏的还是我。我心里只是想，这个适合我的好姑娘只要从眼前一过咱就会知道：嗯，就是她了。是的，真正的好姑娘别想从我眼前浑然不觉地溜掉，我只要一眼就会把她识别出来。这就是我的本事。这个本事并没有因为自己备受生活的煎磨而丧失，也没有因为在这类事情上的可悲遭遇而稍有改变。真的，我是一个对异性异常敏感的家伙。我这一生必将因此而饱受熬煎。没有办法，这同样也是人的命。

随着年龄和阅历的增加，我被证明自己的许多烦恼都来自她们。我有时恶狠狠地对自己说：你这个正人君子啊，就不能安分守己一些吗？你也准备学别人那样，当一个色鬼吗？我在许多时候已经笑不出来了，无法在这一类问题上使自己幽默起来。因为痛楚深深地刺伤了我，早已无暇顾及其他。我有时甚至只想痛定思痛地独自待上一会儿，只想痛改前非，在一万次的自责中变成一个货真价实的好人。可惜这一切远非说说那样简单。真的太难了，我已经无可救药。我既是这样的一个青年、中年，还会是这样的一个老年。我甚至想，自己会在缠绵病榻的时候，在最后的时刻，来不及忏悔。

我说过，我刚刚进入这座城市的时候只是个身材单薄的青年，一个胸廓厚度不足二十厘米的可怜巴巴的毛头小子。他人从外表上可能一点也想不到，就是这样的一个青年，内里还贮存了不少能量哩，有时可谓野心勃勃。他虽然赤手空拳，可最好不要随便招惹他。初来乍到，有些事情想好了，更多的事情却根本没谱。就像走在这些陌生的街道上一样，边走边看，又失望又新奇，探险之心很重，但许多时候肯定要摸着石头过河。

　　刚来这座城市的夜晚，我想的事情可真多啊。想来想去，想得最多的还是怎样开始一场有模有样的、货真价实的爱情。没有爱情不得了。年轻人没有爱情，身处这样干燥单调的一座城市，那简直就没法活下去。爱情是沙漠里的甘泉，这话一点都不假。夜晚想想爱情这一类事，该是多大的慰藉。想的时候无非有两个方向，一是向后看，二是对未来的展望。向后看没什么好的，大半是沮丧，是揪心的疼痛与惋惜；展望未来则没有尽头，那里面各种可能性都有，而且总是尽可能想得好一点。比如说，人人都想逮到一个仙女。可见童话在任何时候都诱惑人，最后也许还要折磨人、害人。

　　我没事了就在这座城市里徘徊，身上背了那个大背囊。它里面的古怪物件可真不算少，夸张一点讲，它足足装下了我二十多年的历史。我这二十多年大约相当于一般人的十年吧？也许任何人的青年时代都是这样的自命不凡？反正我那时想的就是这样，自己在二十岁左右已然经历了人生的一切，知道了一切，历尽沧桑，具有了老翁的心智，阴谋家的狡猾，以及厌恶和舍弃不用的、强梁大盗那样的一堆坏心眼。任何时候，只要把这个具有职业特征的大背囊一背，大半生的宝贝也就尽在其中了。背上它出门心里踏实。人人都有爱好，我的爱好真的是这个背囊——它里面到底装了些什么，以后我会一点一点抖搂出来的。这会儿只是背着它闲荡，因为初来乍到嘛，总得摸摸四至，找找边界，看看这座莫名其妙地屹立了上千年的城市里到底有什么蹊跷和奥秘，有什么花花肠子。看来看去也不过是这样，不过是让我在心里失望、继而稍稍惊叹：天哪，这么多人怎么有本事花了这么长的时间——一千多年呢——在平地建起了这么丑陋的一座城市？这得克服人类多少爱美之心、起码的洁癖，还有人所共知的那点自尊？看看吧，这座显而易见要与之长期厮守下去的城市，自己竟然没法去袒护和爱惜它一点点，简直找不到这样的理由，因为到处是飞扬的尘土和垃圾，是乱哄哄的一切。我在拥挤的人流里喘息，穿过大喊大叫的市场，绕过矮得令人难以置信的小屋组成的斜巷，踏上所谓的广场。不少地方都在开膛破肚，头上包了毛巾的民工弯腰屈背进入沟底，远看只有新土一下下扬出来，让人想起某种掘土的啮齿类动物在忙个不休。

　　我没有目的地往前，到了什么街区也不知道。这里大致全都一样，街道和两旁的楼房色调以及样式全都一样。而且，我记得自己看过的其他城市，那些地方与这里也大同小异。怪不得现代人越来越多地在人生之途上迷失，主要原因就在于他们所要面对的客观世界没有什么独特的标记，到处都差不多，以至于你弄不清自己走到了哪里又来到了哪里，找不准自己的方位。就这样走着走着，全然不知自己身在哪个街区，只记得这是一个星期天的下午，天早就阴着，但照例没有雨。我拐出一个巷子踏上一条弯弯的马路，顺着马路又走了半个多钟头，一抬头，就看到了足以影响一生或半生的那个地方。

老天，这儿简直就是不折不扣的人间童话！

那会儿好像天刚刚放晴，明亮的阳光正好打在前边不远处的一片树木和草地上，浅红色和棕色的小楼在树丛后面闪闪烁烁；像教堂和城堡似的尖顶耸立着；再远一点好像还有小湖，有溪流……到处都一片静谧。天哪，这是到了哪里？我不相信自己的眼睛，揉了又揉，直直地盯住。没有错，烂漫迷人的一切就在前方不远处延伸下去，既是这座城市的一个组成部分，又显得如此突兀，二者简直是格格不入。

叶兆言：坐下来写作

　　叶兆言，1957 年出生，南京人。1974 年高中毕业，进工厂当过四年钳工。1978 年考入南京大学中文系，1986 年获硕士学位。20 世纪 80 年代初期开始文学创作，主要作品有七卷本《叶兆言文集》《叶兆言作品自选集》，三卷本叶兆言短篇小说编年《雪地传说》《左轮三五七》《我们去找一盏灯》以及各种选本。另有长篇小说《一九三七年的爱情》《花煞》《别人的爱情》《没有玻璃的花房》《我们的心多么顽固》《苏珊的微笑》，散文集《流浪之夜》《旧影秦淮》《叶兆言绝妙小品文》《叶兆言散文》《杂花生树》《陈旧人物》等。

　　2018 年作品《夜泊秦淮》获茅盾文学奖。被业内评为"新历史小说扛鼎之作"。

当代作家中，叶兆言无疑是最勤奋的作家之一。多年来，他一直坚持写作，几乎每隔一到两年就会推出一部长篇小说。采访他之前，他的长篇小说《一号命令》刚刚出版，采访他的过程中，他又开始了新作品的写作。

回望他的小说，涉猎的题材可谓广泛。在任何一种题材面前，他都有一种想要进入到最深层，带领读者一看究竟的决心。那些人物，来自社会的各个层面，甚至来自各个时代，充满了朝气。他笑着说："这些人有我身边人的影子，很多故事的细节也都是我的经历。"

叶兆言是我国著名文学家叶圣陶的孙子，是作家、编辑家叶至诚的儿子，又是青年作家叶子的父亲。圈里人都称他们家为：一代泰斗，四代作家。可是，叶兆言从小就眼见着自己父亲和作家朋友们一个个活得很窘迫。像他的父亲一样，叶兆言也并不希望自己的女儿叶子当作家，"学个理科可能比较踏实些。"但，不如他所愿，叶子天生便具有对文字良好的感觉。像他让自己的父亲失望一样，叶子未来也必将成为一个不可忽视的作家，只好让他也失望了。

写作是无法继承的

高　杨：有一次在扬州参加活动，主办方介绍您为"叶圣陶先生的孙子"，我记得当时您对这个介绍并不高兴，并且表示：这真是没有意义的一种介绍。您的女儿叶子，也认为这个介绍没有价值。但是，像您这样四代文人的家族，的确很少见。

叶兆言：哦，作为我来说，我认为这是个不正常的现象。文学没有这个道理，这一辈搞文学，下一辈也搞文学的确是很少见。很多人认为，这是个正常现象，其实是不正常的。因为文学和中医啊、国画啊，还是很不相同的，比如，中医有个秘方的继承，国画也有一种技法，当然画画是种艺术，但也的确有技术的成分在里面。相比之下，是有很多东西是可以交给子孙的。但就我个人的体会而言，写作是没有什么秘方和技法可言的，不可能传给子孙什么东西，所以，上一代如果是写作者，那下一代没这方面的爱好，是没办法的。同理，如果下一代有出息，写出来了，那跟上一代其实关系也不大。

高　杨：那您当时写作的时候，经常被退稿，偷偷地练习，既辛苦又得不到认可，什么是您真正的动力呢？

叶兆言：其实，发表不了对我来说也是一种很好的磨炼。就像谈恋爱一样，随便拉来一个女人，你就跟她谈了。我觉得文学和我就是这么一个关系，刚开始写作就是这样，到了青春期该谈个恋爱，我也就学人家的样子谈吧。也谈得很不成功，灰头土脸的。刚开始的时候还发表了几部小说，后来就不知道哪里出错了，五年内一篇都没有发表过。

高　杨：那曾经很痛苦过吗？

叶兆言：坦白说还真没有。年轻人说他痛苦是很夸大的，年轻的时候没有时间痛苦。其实，我特别感谢这五年，像谈恋爱一样，谈着谈着找到感觉了。倒不是说你发现了自己怎么写了，而是谈出感情出来了，谈出火花了，我这才发现文学对于我来说是多么重要的东西。我太爱文学。我们班上那么多人,大家都曾经一起写作,但最终坚持下来,并且痴迷于其中的就我一个人。你想啊,"文革"后第一批大学生,只要不偷鸡摸狗,基本都能混个副厅级。(笑)

高　杨: 为什么之前发表了您也没发现爱上这个事儿?结果,五年一个字没发表,却发现深深爱上了这件事情?

叶兆言: 那的确是因为一直不停地在写,那和发不发表没什么关系。我觉得这个过程特别好,它其实也是考验了你爱情的忠贞度。有的人发表了很多,甚至得了很多奖,但你感觉不到他对文学痴迷的那种爱。我常常讲一个笑话,我说写作的人生有两种,一种是你写了一部长篇小说,然后你拿了一个奖,但你并不热爱文学;还有一种人一辈子都在写,可能一辈子都没写出来,但他始终都在享受写作的乐趣和幸福。如果一定要让我选,我挺愿意选择后一种。因为对我来说,写作本来也就是种享受。我常常会感到幸福,因为我一直在写。那回到最初你问我的那个问题上去,我们家几代作家,我认为我自己最幸运,只有我可以拿出至少百分之九十九的时间来写作,而他们只有百分之二十或者更少的时间来写作。我经常提醒自己不要被商业、经济各种干扰,人生可以用来写作的时间其实是不多的。

高　杨: 如果再给您一次机会,您还会考中文么?

叶兆言: 我想我不会了,我想大概会去学医,但我眼睛不好没办法学医。我当时还差一点考了数学系。考上中文系以后,赶上了七十年代末八十年代初的文学热,所有同学都在写小说,我跟着起哄,我没有鲁迅那种要用写作唤醒国人的责任感。我觉得文学这件事情归根到底要说老实话。又赶上"伤痕文学"热,可能因为从小读了大量的国外文学作品,我实在也不是很喜欢"伤痕文学"。一方面，我也想学某些作家那样，因为写这样的小说而获奖，但其实那样的小说我又写不了。那时候我写的小说也是结结巴巴不太受欢迎，也发表不了，就那么稀里糊涂的。

获奖跟作家没有关系

高　杨：这些年，我们都看到您长篇中篇一部部地出来，有没有想过去得一个什么超级大奖。

叶兆言：任何一个奖，都是一部分评委的意志，无论是诺贝尔文学奖，还是布克奖。作为写作者你大概不应该考虑评委的意志，不能想我是为什么奖去写作，这个很不靠谱。作家其实是很单纯的，你无非是要不顾一切、千方百计地将你所想要写的东西写出来，而不是不顾一切、千方百计地使自己的作品去达到一个什么目的。作家所干的事情，就是写完为止，写好为止。写好其实是非常困难的，那是一种理想，也是一种引诱，而作家总是想要完成一件不可能完成的任务，他总是想让自己的作品趋于完美，然后你会发现最后也是没有写好，那么你想下一部你要更好，野心勃勃的作家就是想写下一部。

高　杨：什么是对您最大的肯定？如果奖项都不是您追求的。

叶兆言：坦白讲我几乎不去想肯不肯定的问题，也没有忧虑。最初我有一个发表的忧虑，这个也不成问题了。所以，对我来说最大的忧虑是写作能力。写作既然是一种能力，就意味着它会丧失，跟男人的性能力一样一定会慢慢丧失。没有一个作家不恐惧这件事情，比如我就特别理解海明威，他就特别担心自己写不下去。

而每一次写作，你都希望能达到一种前所未有的高度，所以也都有一种筋疲力尽的感觉，伴随而来的还有一分恐惧，生怕没有力气再写下一部。所以，对我来说最大的鼓励可能就是写完了一部作品还想写下一部的欲望。有的作家，一个奖就终结了，这更可怕。如果让我选择，我宁愿选择不断有能力，而不愿意被终结。

在这个事情上，我觉得自己还是很有智慧的。

你看我们中外有多少作家，都存在写不下去写不出来的问题，人的伤害有很多，身体啊、战争啊，甚至是荣誉，都有可能伤害一个人，所以我有时候要提醒自己，对写作要有敬畏之心，要小心翼翼地活。为了保持有一个好的能力，保持一个好的心情，良好的态度，还要有好的身体。那些影响你的因素，比如开会啊、讲学啊、出国啊，不参加也不现实，但尽量地少吧，腾出时间让自己安静写作。

高　杨：您的女儿叶子在获得全球华人少年散文写作金奖的时候，也明确表示：我不想当作家。这看起来很奇怪，您和您的父亲都曾经立志不当作家，后来也都当了作家。

叶兆言：是的，我父亲的确也这样说过。过去有人问起，我就说：我父亲他不希望我当作家，他觉得写作这个行当不好、太苦。现在再想想，我觉得他也不完全是这个意思。

在那个年代里，我爷爷和父亲周围有很多同行，也是以写作为生的，但是他们本身与文学和写作毫无关系。如果此处我们用"看不起"这个词显得太重了，但我确实也能感受到他们对那些打着文学的旗号、享受文学的虚荣、不学无术的"空头文学家"们的不屑，这样的人太多了。他们不希望自己的孩子成为这样的人，那些虚荣的人。虽然有些名气，但徒有虚名、不学无术，很可怕。

所以，我最早认为是意识形态的问题，后来，我觉得不是这样的。

这是个人生的问题，有很多作家真是无聊，特别庸俗。我们身边有很多作家，说一切思想深刻的大话，但实际生活非常庸俗、思想低级。工人农民这样很正常，他们就是普通人没有读太多的书。但是作家是受社会重视的一个群体，社会会给他们一个很高的标签和期待。我自己所见的很多作家，与这份期待和重视呈巨大反差。写不好作品的作家，就是一个没用之人，讲话讲得极漂亮，文章又写得极臭，那简直一场笑话。我能感受到我的长辈对这种人生理上的厌恶。我的父亲虽然常常教育我说：人生来平等，你不可以瞧不起任何人，哪怕是一个要饭的叫花子。但我想做人是有个底线的问题。

所以，我要说远一点。如果你是个优秀的作家，是不需要培养的。作家不是颗种子，不是一个配方，福克纳说得就很好：真正的作家是拦不住的。比如我，家里人不让我写作，我自己也没想当作家。所以不是说非要浇水施肥，没准儿会长出一个怪物。他热爱写作，哪怕就是一包脓，都会自己排除毒素，自己成长。他是你拉不住，他不是你也培养不起来。你就算给他一个会员，给他一个奖，也解决不了其他问题。

对下一代也是这样，我对叶子的要求仅仅就是：要做学问当然要写很多学术性的文字，也要深入下去，要深刻，也不能当空头学问家。

我不过是作品的父亲

高　杨：那转回头来看看您的小说。《后羿》是您二〇〇七年的作品，我满以为您会使用一些古旧的文字，没有想到全都是大白话，居然里面很有现代人的语言。

叶兆言：小说当然也要用白话来写吧，神话本来也就是神神鬼鬼，也该用小说的写法来写。

《后羿》跟我心里一直想写的一个题材有关，我一直想写一个独裁者的故事。我要说的也就是人如何把一个普通人变成了神，最后又怎么变成了一个独裁者。这个故事也有一个很好的隐喻性。本来我想写袁世凯，后来，我还想写一个六朝的皇帝。我用这个皇帝来体现独裁者的故事，后来有个机会，有人跟我谈到要写《后羿》。

人类是很容易产生独裁者的，人会莫名其妙变成一个神，大家也莫名其妙尊称其为神，人类自己也搞不清楚到底是人还是神。神为什么有力量呢？因为他有爱，他的爱也是人给他的。某种意义上来讲，爱即可以成全一个人，也可以毁灭一个人。当然，你也可以说它就是个爱情故事。

高　杨：《后羿》的结构也挺不同的，您似乎是在小说里完成了电影蒙太奇，每一章节都不相联系，但整体内容又紧紧相扣。

叶兆言：我记不太清楚了。写的时候，当然是希望追求一种不一样的形式。希望有创造性。想了很多，挖空心思地想。写完以后，像一个不负责任的父亲一样，孩子生出来就不理他了。我跟我的作品那种情感的确很像是父亲和孩子的关系，不是母亲的那种打理啊，呵护啊。何况我这种孩子太多了，就更不是特别细心地照顾每一个孩子了，要不然就乱了。

作品中的高潮来自平淡的生活

高　杨：作家如何与自己的痛苦抗衡呢？写作者不同于演员，

演员也只是表现一个人的悲剧，写作者需要了解一个时代的悲苦，或者说人类、人性的悲伤。作为作家，您如何抗衡这样的悲痛呢？

叶兆言：这也是作家的优越性，某种意义上，作家是可以化悲痛为力量，可以享受这些痛苦的。你写特别沉痛的事情，你也会觉得特别过瘾。本身也是一种享受。比如说我写《一号命令》，写到一半的时候，我给自己的孩子讲这里面的故事。我居然说着说着，我就落泪了。

我写作是比较冷静的，我是个不太会煽情的作家，我个人认为小说最佳的状态就是要写到、写到煽情的边缘就很好了。而不愿意继续下去，一定要把人弄得哇啦哇啦哭起来，好的小说就是这样了，因为煽情再往前走一步就是滥情了，你必须要知道走到什么位置。

我记得老作家高晓声说的那样，我们写小说就像给自行车打气一样，打到非常适度的一个点，再打过，就会炸掉了。很多小说写炸掉了，那没有什么意义。所以这个点很重要，但有的小说没气。我这么比喻显得太具体了，但也的确是这个道理。

高　杨：我看到您写的细节，您似乎都很平静，很少有高潮迭起的写作。

叶兆言：我认为现代的读者不需要你那样地挑逗他了，过去只有出版物，过去的读者需要你挑逗到那个程度，他才能进入到你的作品中，但现在的很多读者都是很高明的。你说个大概他就知道你什么意思了，所以，你就不要再往下啰唆。传统的写作者跟教师和牧师一样，读者是一个受教育的人。

现在的读者是花钱来"看戏"的人，甚至水平比你还高。作家需要把戏唱好，我希望你能理解我，能成为我的知己，我们是坐在公园长椅上聊天的朋友，在茶馆里喝茶的茶友。不高兴你就会走人的。老师不同，你不听我的，我就让你不及格。

我认为现在的作家的确是需要用自己的办法来勾引读者，比如留一些破绽。看到破绽读者是兴奋的，就会追看下去，因为你在欣赏我的错误，你会觉得我也是个普通人，普通人与普通人之间就能做朋友。你欣赏我当然也是朋友了，对吧？比如你觉得叶说得对，至少他没有在写作中装孙子。现在的阅读已经不是读者想要找教育，想要接受一个伟大的思想了。那就是要无聊没事，看看书。

高　杨： 您要这样说，有很多人会很愤怒的。

叶兆言： 那我很遗憾，我反正不信一个人读了一本书就会明白一个什么样的道理。你之所以能明白这个道理，是你有明白这个道理的素质。一个装睡的人永远也喊不醒他的。

我给学生讲过，你真的要改造社会为人类做贡献，就去当官。比如张爱玲，她看到一个警察在殴打一个三轮车夫，她就很愤怒，特别心痛，但她怎么做的呢？张爱玲说，她马上想嫁给市长，我让市长来收拾这个警察。文学最多也只能把这件事说出来，表达一下老百姓和作家的无力。如果作家们认为，我今天写个小说就能打抱不平，能解决一个社会问题，那太可笑了。

所以，作家就是一群即没用也有用的家伙。他们对这件即时发生的事情无能为力，但却可以把这件不公平的事件记录下来，让人永远明白这个道理。

高　杨：《我的心多么顽固》那里面的爱情描写得让人非常感动，你似乎非常擅长描写爱情。

叶兆言：文学中间这个爱情当然是很重要的。文学史上那些著名的作品不都是爱情吗？比如《包法利夫人》《安娜·卡列尼娜》。那不都是些令人不齿的偷情者的故事吗？但它们之所以成为世界一流的名著，就是因为对爱情有不一样的解释和不一样的了解。

所以，我认为不在于你写了什么，而是你写得怎么样。你也可以攻击它，写了个什么呀，不伦不类的，但文学就是这样子的，它始终不是一个道德的评判者，它是另一个话题，另外一种陈述。

至于《我的心多么顽固》那是个跟我个人的经历毫无干系的故事。可能也是因为少年的时候太孤独了，又是个太过于听话的孩子，玩伴里面有些哥哥们的兄长，都特别威武，帮他们打架什么的，后来这些兄长们也都当了知青。过年放假他们回来就在一起吹牛。其实这部小说就是在模仿他们吹牛时讲的故事。这部小说里有一双羡慕的眼神那就是我。对于他们复述的生活，我真是太向往了。那么自由、广阔天地大有可为的样子。

高　杨：可是您自己的人生、自己的爱情也没有什么创意，非常平淡无奇，那您小说里面那些精彩的人生故事，从何而来呢？

叶兆言：现实生活中就是这样。人生的平淡多么重要啊。那么作家本身就是需要胡思乱想啊、无中生有啊，所以，我经常说才能是第二步，想象力才是最重要的。

作家自己的生活一定要简单，如果太丰富了，他就把自己变成一部小说了。比如张爱玲，她特别典型。她在二十三四岁的时候就写了自己一生最好的作品，后来她个人生活实在太丰富了，她就无法下笔。我就告诉你啊，想象力和胡说八道对一个作家太重要了。张爱玲的一生绝对是一部好小说，你无法想象，她一边参加作家代表会，一边就跑到香港和美国，接着和美国的一个左派结了婚，为了这个左派打了胎，最终为了养活这个左派分子，差一点成了台湾中情局的工作者。她的人生多么精彩啊！可是，她再也没有写出超过她年轻时候的作品了。所以，过分强调作家的生活，作家就成了一个小说人物了。我们再转回头去看，张爱玲还是一个少女的时候，整天坐在一间房子里，她关在公寓里写出来的，想象力和生活相比的话，想象力恐怕是最重要的。

高　杨： 不是有人说：作家下去了，作品才能上来？

叶兆言： 那是骗人的鬼话。作家的生活和作品，根本就是两回事儿。作家对于他的作品，就是两个标准，好与不好，其他全是假的。至于我的个例，可能是因为我生活的无聊，在作品里得到精彩的回报。

早些时候，因为我很多年写不出来，沈从文说过，只要一个作家只要不停地写，契科夫也说，我就是标准的就从三流作家成了一流作家。他们给我一个信念，我只要努力地写，不停地写，我就能写出来了。而我个人也的确相信这个说法，于是整个八十年代，我都在一直写、一直写。后来，也把这句我极信奉的话不断地重复给年轻人们听。

但是后来，我开始有些改变了。因为我身边有很多人也在一直写，一直写，但怎么都写不好，我想不明白这是为什么。根据很多著名作家的观点，以及我自己所相信的那一套，一直在写作的人写好是必然的，写不好才奇怪。但这种奇怪的事情也的确在发生，所以，我也不敢过多地强调这一句。

高　杨： 那您每天不停地写，不停地写，您是不是每天必须三千字到五千字的写法？

叶兆言：我没有这样机械地写作。一个人不可能这样写作。我只有一个简单的想法，我挺相信报应的。对于我来说，每天多少字没有要求。但每天坐在那儿，是一个要求。这也是个家庭教育的问题，因为我祖父，他就一辈子每天坐在那里，我父亲也是。虽然我从不认为他们达到了一个什么样文学的高度。但他们的工作方式告诉我，作家就是这样的，他给我一个感觉，就是作家必须要坐下来。这就是我的生活方式、生活状态。也许我坐在那里就没写，很可能两个小时就在打一个逗号。下半句没准我都想好了，但我并不满意，我还在等待，在等一个更好的表达方式，那就是一种等待。

高　杨：难道不是思考？

叶兆言：客观地说，不是思考，近乎发呆吧。写作就是一种等待，就是希望找到更好的表达。为什么能让人如此痴迷呢？就是这种乐趣，像下棋一样的。它老是在等待，可能会更好，可能根本没有了。它跟每天写多少字完全没有关系，但每天要工作，这就不一样了。作家作家，我的理解就是坐在那里的家伙。

我一直在等待

高　杨：那您觉得什么样的小说是好的小说？

叶兆言：我觉得就是不一样的小说，就是好小说，这"不一样"三个字特别重要。我总是希望能写出跟别人不一样，跟自己以往不一样的小说。比如我比较得意的事情就是能够让别人觉得：你怎么能写出这样的小说呢？你不应该写出这样的小说吧？这对我就是一种鼓励。如果你看了这篇，又看了那篇，就差不多，那就很糟糕了，那就是没有变化，一个作品就了解了我的一生，那我太失败了。

所以为什么要坐在那里，作家就像棋手下棋一样，我从一开始布子，就会撒得非常开，占领很多地盘。作家都有野心，像个国王一样跑马圈地，而一生就守候在一个地方。我就希望我的小说能撒开。人心不足蛇吞象，每个写作者都是野心家。

高　杨：您最满意自己哪一部作品？

叶兆言：我没有满意。我就像一个好运动员在打比赛，每次都期待下一场打得更漂亮。说真心话，我自己倒并不去想哪一部我是最满意的。我为什么活得这么小心翼翼呢？就是希望能保持一个良好的体力，继续写作更好的作品。至于哪一部最好，这的确不是我该考虑的问题。我想得最多的是，我该如何最好地完成手上的作品。

八十年代的时候，我可能创作能力太强了，经常有好几部作品一起跳出来干扰我，太讨厌了。现在我还比较老实，就是先完成手上的一部，一个一个来。

高　杨：您认为文学、小说对这个社会有什么作用呢？八十年代，一部小说可以使所有年轻人传阅和追捧，那里面一个人物就足以成为年轻人们共同的偶像。现在社会似乎对作家的看法更复杂些。

叶兆言：小说什么都解决不了。小说解决不了警察殴打三轮车夫的社会问题，不存在小说写出来了以后，改变了什么。小说写出来了，这个问题解决了，其实也跟这部小说没有任何关系，那是已经到了该解决的时候，恰好出现了这部小说，小说不过是个由头，是拿小说说事儿而已。

所以，有人说文学现在边缘化了，我认为用"边缘"这两个字还不够准确，最准确的说法应该是，小说只对看小说的人才有作用，看小说的人心里产生了共鸣，那这部小说才有价值。如果不看，那就是垃圾，放在那里的一堆纸。再好的东西不看就是垃圾，世界文学不看都是垃圾。很正常。放在书柜上做做样子，告诉别人你知道托尔斯泰，知道陀思妥耶夫斯基，就是这样子。为什么网上有很多人说《红楼梦》读不下去呢？因为你压根就不看。

文学不是生活不可缺少的东西，没有文学死不了人。说没有文学没办法生活，那是文学家的意淫。文学就跟爱情一样，没有爱情，人就死了么？不会的。人类社会照样发展，照样 GDP，只不过有了爱情，你可以活得更幸福，有了爱会更美好。

文学从某种程度上，就是一道美食，你突然发现这个东西很好吃，是一种美好的享受。一方面，它很美；另一方面，它没用。如果你用有用或者无用来衡量文学，就相当于你用一把尺子衡量爱情一样，多长的爱情是爱情，多短的爱情不是爱情？或者用重量来衡量，一吨的爱情是爱情，五十克的爱情就不是爱情？

什么是文学啊？一部好的小说，它可以使热爱文学的人神魂颠倒，不热爱文学的人，那就是一堆垃圾。你如果非要说，不爱文学的人没品位，那你就是吓唬别人。

高　杨：越是纯粹的作家，越是对文学有举重若轻的看法。

叶兆言：这很正常啊，本来么。你比如《非诚勿扰》里那些小伙子，一说到爱文学，或者爱写诗，马上就遭到姑娘们全体灭灯。这很正常，八十年代那种不爱文学就没品位、就不进步的看法反而不正常。现在，大家冷静了，不需要那样包装了。八十年代人是被吓唬住了，那未必是真的喜欢文学，那是一种热，热不是正常状态啊！

比如，一家人坐在一间小房子里你抱着一本书，你就能够将自己隔离出一个小空间，你就可以进入自己的世界了。但现在条件好了，人人都有自己的空间，那上网不是眼界更宽么？所以作家如果还像八十年代那样，享受那样的虚荣，也没什么意思。相信那些虚假繁荣不可悲么？

不阅读不仅是中国人的现实，也是全世界的现实。不能做一个虚假的幻象，说，国外人在地铁里、在公园里都是读书的，胡扯。我恰恰认为今天比过去好，今天这种情况是正常的，一个不正常的社会有什么值得歌颂呢？你不能因为你自己是个作家，就要歌颂那些对你有利的社会？因为今天的文学变成只有热爱文学的人才重视的事情，而不是瞎起哄，这样才有可能发现好的作品。

高　杨：传说您爱说老实话，脾气直，吃过亏么？

叶兆言：我没吃过什么亏。我现在要说自己还吃亏就矫情了，我已经太幸运了。我无法想象不写作会怎么样，世界上有很多热爱写作的人，他没有这个机会，我还不心满意足吗？

对一个写作的人来说，还有什么比给你写作空间更让你心满意足的呢？否则，你说写作背后要有多么大的经济利益，或者多少个美人相伴，住多大的房子才能写下去？那些东西没有底的。不是有个诺贝尔奖获得者说过么，住在庄园主的佣人的房间里写作，就是最好的状态。你想想，如果住在主人的房间里，那份生活也不是你的，那也不是自己的处境，我这种心理承受力反正受不了，我要住在主人的房间里，我肯定连觉都睡不着。（笑）住在佣人的房间里，多好啊，整个世界都是你的，你想写谁就写谁，没有任何压力，也不用考虑物业费是不是该交了。你即不是主人，也不是佣人，你是一位作家，便可以超然其外，可上可下，自由自在。

叶兆言很坦诚，语速快，信息量大。足以见得写作的过程中，他一刻不停地在思考。即使是这样，他还是反复地说，"时代不同了，我们的表述方式和年轻一代的作家也完全不同了"，很有压力的样子。

说起两次关于他作品的是非，他不太想谈。"是是非非都过去了，作品还在那里，其他事件与我无关。"他总觉得"时间有限，写作还没有进行到最佳的状态，不知道哪一天就会丧失写作的能力"。这种焦虑在他心里反复熬煮，甚至到了恐惧的状态。

叶兆言，是我结识的非常热爱写作本身的作家之一。对时间的珍惜，令他没有兴趣去追逐任何写作以外的事情。他的生活被整齐地划分，无论是锻炼、吃饭、休息，一切都是围绕写作来进行。令人感到不可思议，再细细思想，又非常羡慕。幸好有他这样的作家，文学才不会是一个深不见底的黑洞。

叶兆言作品欣赏

《一九三七年的爱情》(节选)

　　丁问渔所在的大学里，举办了一系列的学术讲座。一些名教授纷纷利用这一机会，阐明自己的学术观点。由于特殊的时事气氛，大学生对教授们的讲演并不热心。一九三七年不是一个做学问的年头，许多名教授初次尝到了冷场的滋味。有些讲演讲到一半便作罢，因为来听讲座的同学实在太少，那些专业性太强的讲演不仅枯燥，而且和火热的现实生活几乎没什么关系。有些教授随机应变，将讲演的题目更名为"国防化学"或"大唐的作战史"，听讲座者依然寥寥无几，一些激进的学生煽动罢课，号召大家参加全国学生联合救国会。国家并不承认全国学联会这一说法，因为所谓学联无法律上之根据，因此被定为非法组织。既为非法组织，煽动罢课者便被校方领导勒令停学一年，准于第二年春季参加补考。

　　相形之下，丁问渔的讲演获得了意想不到的成功。他讲演的题目是《中外娼妓的传统之比较》，虽然大学充满了自由的学术空气，但是当他的选题被报上去以后，校方领导不能不感到有些犹豫，这显然也是个不合时宜的话题。讲演开始前，大教室里已经人满为患，让所有的人都没想到的，这次讲演创下了人数最多的纪录，走廊里和窗台上挤满了人，学生一边听一边哈哈大笑，当讲演结束的时候，兴高采烈的同学带着些起哄地鼓起掌。丁问渔在他的讲演中，信口开河，对中外娼妓作了精辟的分析比较。他一针见血地指出了两者起源之间的根本不同。根据丁问渔的观点，娼妓的起源都不是源于金钱，最初和罪恶也毫不搭界。西方的娼妓是宗教的产物，而中国的娼妓却是爱情的产物。西方的娼妓把自己献身给寺庙，她们毫无羞耻地躺在寺庙的大门口，尽情地满足那些即将出征的男人们生命的本能。中国的娼妓却是对传统包办婚姻的反动，因为中国的士大夫在法定婚姻中注定没有爱情，于是他们不得不去妓院。丁问渔讲演的最精彩处，是把情和欲用一把斧子从中间劈开，西方的娼妓发之于欲，中国的娼妓止之于情。发之于欲的男人因此凶狠善战，而止之于情的男人也就越来越温情柔弱。

丁问渔的讲演被激进的同学认为是有伤风化。讲演结束以后，学生们分成不同的阵营，为丁问渔究竟是好人还是坏人吵得面红耳赤。持反对意见的同学认为，丁问渔这样的浪荡子，根本就应该从大学的殿堂里轰出去。有了这样的大学教授，国家不亡反倒怪了。好在丁问渔对同学们的反应也不在乎，他无所顾忌地想说什么就说什么，说完了，便回到公寓里去给雨媛写情书。讲演结束的那天晚上，丁问渔正在伏案写信，突然被敲玻璃窗的声音吓了一大跳。隔着玻璃窗，丁问渔认出了和尚。和尚示意他打开玻璃窗，并且把手指按在自己的嘴唇上，让丁问渔不要发出任何声音。

"别让人知道我到你这来过。"和尚十分慌张地拉上窗帘，脸色惨白，眼睛发直，用发抖的声音说着，"我闯大祸了!"

丁问渔已经有一段时间没坐和尚的车。前一阵，和尚参加市民训练，歇了生意。丁问渔曾在操场上见过和尚受训的情景，只见他穿着灰色壮丁制服，束装裹腿，戴着军帽，持着上了刺刀的步枪，对着草扎的靶子练习刺杀，一副神气活现的样子。几年来，市府坚持为市民进行军事训练，那些商店中持筹码算盘的伙计，那些街头肩挑背扛的苦力小贩，那些游手好闲的无业游民，一个个都被轮流集中起来受训。丁问渔公寓附近的大操场几乎天天都有壮丁在训练，刚住进这所公寓的时候，他常常被壮丁喊口令的声音惊醒。现在，有一段时候不见面的和尚，神色惊慌地突然出现在他面前，丁问渔感到有些摸不着头脑。

"我大概杀了人了，丁先生。"和尚沮丧地说着，眼睛抬起来，求援地看着丁问渔。

丁问渔又吓了一大跳。杀人不是随便说着玩玩的事，从和尚的惊恐表情来看，也绝对不像是在开玩笑。丁问渔绝非那种有幽默感的人，和尚和他虽然很熟悉，毕竟还是一种雇佣关系，他始终对丁问渔保持着一分敬重，有时说几句笑话，却是从来不出格的。在和尚的心目中，丁问渔只是一个有钱同时又有身份和学问的教授，有一点好色的小毛病，喜欢把很多精力都放在女人身上。他所以跑来找丁问渔，是因为在情急之中，想不到还有别的什么人可以找。他在学校的附近已经稀里糊涂地徘徊不少时间，走投无路之际，无意中一抬头，看见丁问渔家的灯亮着，便不顾一切地敲起了玻璃窗。丁问渔不知所措地看着和尚，希望他能够把话说说清楚，和尚看着丁问渔的眼睛，结巴着说："我这次是真的杀了人了。"

"你杀了谁？"丁问渔比和尚更慌张。

"我将小月杀了，用羊角锤，在她脑袋上敲了好几下。"和尚惨白的脸上开始有些发红，他咽了一口唾沫，说不下去。

丁问渔不知道小月是谁，更不知道和尚为什么会下杀手。既然是杀了人，再跑来找丁问渔，这事从法律上来说，就是件很尴尬的事情。丁问渔立刻想到这事会有些麻烦，因为窝藏杀人凶犯，这是违反法律的，因此他几乎毫不犹豫地让和尚立刻去投案。和尚说，他还不知道他杀的那个人，究竟死没死，如果已经死了，他就得抵命，去投案就等于去送死。丁问渔让他这么一说，更有些摸不着头脑。和尚连声说当时他心慌意乱，用羊角锤在小月的头上敲了几下，她就昏了过去，他一慌就逃跑了，也没有顾得上细看。丁问渔顿时从和尚的叙述中，发现了有很大的漏洞，显然和尚只是一时失手，而且后果也许根本就不像他所讲的那么严重。

和尚在丁问渔的安慰下，对自己是否将人杀死也充满了侥幸心理。为了证实这种可能性，丁问渔换上衣服，立刻出发去小月家。这时候，丁问渔已经弄清楚小月是谁，他想起自己去和尚住处要车子的时候，见过这位刚刚十六岁的大眼睛姑娘。临走时，丁问渔关照和尚不必过于紧张，他去探听一下消息，马上回来。好在去和尚的住处并不远，丁问渔刚踏进那条小巷子，就看见仍然有许多人围在那，走近时，听见大家七嘴八舌地都在议论。他装着只是偶尔路过的样子，非常好奇地问出了什么事。没人愿意回答丁问渔的提问，大家自顾自眉飞色舞地说着。丁问渔一眼瞥见有两名警察正在和尚的屋子里搜查，他松弛的心情顿时又紧张起来。看来问题很严重，在另一个门洞里，丁问渔听见有一个女人正在大声嚎丧，他走到那个门洞前，看见嚎丧的女人是自己曾经见过的俏女人。俏女人一边哭，一边痛骂和尚。一看房间里的气氛，丁问渔知道事情很严重。

雨媛在武装赛跑的前一天，决定搬到陆军司令部去住。早在这之前，她已经动了好几次念头。住在余克侠的公馆里，雨媛发现自己已经越来越没有办法忍受余克润嫂子的唠叨。她向余克润发出了最后通牒，要么自己找房子住，要么她搬到宿舍去。她实在不想再过寄人篱下的日子。为了不把问题弄得过僵，雨媛没有在大家不高兴的时候，赌气搬出去住。她为自己找了一个借口，说陆军司令部这段时间要加强机要员的学习，因此住在宿舍里方便一些。

她的这个借口，一眼就能看出站不住脚。余克润的嫂子既高兴弟媳妇总算搬出去住了，又害怕承担不容人的罪名，一口咬定雨媛搬出去其实别有用心。余克润明知道她是不想在这个家里住，不忍心说嫂子的不是，反而怪雨媛缺乏忍让的耐心。余克润说，我嫂子是没受多少教育的女人，你和她怄什么气。余克润又说，你搬出去，正好给我嫂子有话说。

小两口子都在有意避免吵架，大家都是一肚子不痛快。雨媛知道余克润不想得罪自己的哥哥嫂子，他除了移情迁怒，没别的忍耐。他想说她搬出去住接丁问渔的来信就更方便了，想说她搬出去只是想给丁问渔提供机会。然而，正是因为他没有把这话说出口，雨媛处处都能感觉到他的那种压抑着的窝火。她发现他们之间的冷战，有时候要比面红耳赤的争吵更伤感情。余克润常常表现出一种不在乎的样子，这种不在乎正好说明他很在乎。当雨媛决定要搬出去住的时候，他开着汽车去送她，一路上，他故意不说话，故意把速度开得飞快。

"你当心撞着人。"雨媛冷冷地警告着他。

余克润将油门踩得更大，雨媛注意到路上的行人，正做出吃惊的样子，看他们的车子呼啸着飞驰而过。余克润的驾驶技术很娴熟，不过他现在并不想卖弄他的车技，前面有一个老人正在慢腾腾地过马路，余克润不得不踩刹车。吉普车尖叫着突然停住，雨媛整个身子冲了出去，脑袋差一点撞在玻璃窗上，幸好她的手一直紧紧地抓住把手。她回过头看了看余克润，只见他双手紧握着方向盘，好像根本没注意到她受的惊吓。雨媛本来想责怪他几句，看他那表情，不愿意再说了。余克润在等待着雨媛的怪罪，雨媛不吭声，他感到有些无趣。

外面春光明媚，街面上走着色彩艳丽的女孩子。花坛里的蔷薇如火如荼地盛开着。雨媛和余克润都感到他们之间固有的距离，并没有因为结婚变得越来越近，恰恰相反，他们似乎越来越陌生了。他们都意识到了在他们之间有一道裂痕，这道裂痕也许早就存在。他们是一对傲气十足的年轻人，都希望对方能够让步，都希望对方给自己一个台阶下。当汽车在一九三七年南京的柏油马路上飞奔的时候，他们仿佛同时想到了一个问题，这就是他们的结合是否真的太草率了，他们之间的关系变得很脆弱，婚姻把他们拴在了一起，但是任何一些细小的事件，都可能使得他们怀疑自己的结合是否值得。有些事情是存心的，就像余克润故意夸大丁问渔的离间作用一样，雨媛也把他们之间发生的一切不愉快，都归结为是他的嫂子在捣鬼。

"我既然已经搬出来了，那么实话告诉你，除了住自己的房子，我绝对不会再住到你哥哥那里去。"雨媛像一只挣脱牢笼的小鸟，向余克润旗帜鲜明地表明自己的态度，"难道我不该有一个是完全属于自己的家吗？"

余克润说："我并不觉得住在自己哥哥那里，是寄人篱下。"

雨媛说："可是我觉得。"

雨媛的态度得到她的同伴的一致支持。她们当初就反对雨媛住到余克润的哥哥家去。同伴们认为，像余克润这样年轻有为的飞行员，就算是暂时买不起房子，也应该在外面租一套房子。一个属于自己的家是必须的。余克润是一只在外面飞来飞去的小鸟，倦鸟归林，马马虎虎有个歇脚的地方就行。雨媛和他不一样，她不能像个东西似的寄存在别人那里。余克润把雨媛送到宿舍时，雨媛的女同伴和他进行了开诚布公的谈话，她们说，把雨媛存放在她们那里只是暂时的权宜之计，她们会很好地照顾她。

"这种存放是免费的，但是你得尽快地替雨媛找到房子。"雨媛的女伴和余克润都熟悉，她们七嘴八舌地教训着他，一边声色俱厉，一边不时地和他说着笑话。陆军司令部的女孩子一个个见多识广，都野得狠。余克润做出诚恳听话的样子，他给人的感觉是马上就会去租房子，可事实上他并没有这么做。余克润是航校的教官，这种教官和学校的一般教师不一样，因为他的教室不是在房间里，而是在一望无际的蓝天上。随着中日冲突越来越升级，培养能够作战的飞行员已经迫在眉睫。中国的空军很薄弱，蒋介石早就意识到了这一点，他不仅自兼航空委员会的主任，还让其夫人宋美龄兼航空委员会的秘书长。航校的教官实际上都兼着双重身份，这就是一方面教学，一方面随时做好迎接日本空军可能发起攻击的准备。

余克润找到了一个让自己和雨媛都满意的办法。他们一有机会，就去开旅馆。这想法刚开始听起来有些荒唐，然而很快被证明极有创意。一九三七年的南京是旅馆业兴旺发达的年代，那时候有许多来首都找差事的人，一时没有合适的房子住，便在旅馆里包房间。因为旅馆多，一般的旅馆价格并不贵。既然雨媛拒绝再回到余克润哥哥的公馆里，余克润也不愿意和雨媛一起回娘家，旅馆便成了他们幽会的好地方。他们常去的旅馆在大行宫附近，紧靠着大街，离雨媛的宿舍并不远，走十分钟路就能到达。

第一次去旅馆非常偶然，雨媛住到宿舍去的第三天，余克润去看她，他们离开陆军司令部的大门，像一对无家可归的孩子一样一直往南走。不远处是励志社，是他们四个多月前结婚的地方，望着励志社宫殿似的大屋顶建筑，他们感到有一种说不出的惆怅，于是两个人不约而同地拐了个弯，向西面的大行宫散步过去。一路上，春风拂面，已成规模的法国梧桐树，正开始长出一片片的嫩芽。原来只是计划在外面吃一顿饭，然而当他们经过一家旅馆的时候，余克润忽发奇想，他邀请雨媛和他一起进去参观一下。余克润最初的想法，是在旅馆里包一个长住的房间，他进去的目的，不过是想打听一下价格。旅馆的老板热情地接待他们，为了做好这笔生意，老板许诺用最优惠的价格，让他们先住一晚上，他把他们带到二楼最东面的房间，打开沿街的窗户，让他们欣赏街面上的景色。

"这是最好的房间了，"老板指着楼下一家生意红火的小馆子，"二位想吃什么，隔街招招手，马上就给你们送过来。"

那天晚上，他们果然就在那间房里住了下来，而且根据老板教他们的办法，招手叫街对面馆子里的伙计送饭菜过来。在旅馆的房间里吃饭别有风味，一边吃，一边看街景，吃完了，伙计又过来收拾碗筷。雨媛感到一种说不出的新鲜，她突然想到这是余克润事先安排好的，看他和老板说话的样子，对住旅馆开房间显然已经是老手。她立刻想到他很可能和别的女人来过这里，不是这一家旅馆，也可能是别的旅馆，因此笑着要余克润回答。余克润十分尴尬，而且有些恼火，他不说是，也不说不是，拒绝回答这种无聊的假设。

雨媛笑起来，她并不想得到肯定或者否定的回答。无论是哪一种答案都不会让她感到满意。余克润怎么肯说老实话呢。不回答是一种最聪明的回答，她觉得自己最愚蠢的是，竟然会在这种应该高兴的时候，突然引出这样扫兴的话题来。今天晚上这样的气氛是不应该破坏的，她想到自己才走进旅馆时，旅馆老板偷眼打看她的表情，那眼神显然是把他们看成了一对野鸳鸯。这根本没什么可奇怪的，旅馆的老板怎么会相信他们是合法的夫妻呢。余克润不知道雨媛为什么总是笑，她的笑不像是有什么恶意，但是她的笑毕竟让他感到不自在，为了掩饰自己的尴尬，余克润索性也笑起来。

"你笑什么？"雨媛笑着问他。

余克润反问她为什么要笑。这同样是无法回答也不需要回答的问题，自从结为夫妻，他们难得有这么一个温馨的夜晚。楼下人行道上，一位卖花的小姑娘用细细的喉咙吆喝着卖花，余克润把小姑娘喊了上来，为雨媛买了好几枝玫瑰花。花买好了，没地方插，雨媛便在一个喝水的杯子里倒了些自来水，然后把玫瑰花插在里面，搁在床头柜上。剩下来的时间真不知如何打发才好，现在就上床睡觉似乎早了一些，于是两人就坐在窗前看街景。街上来来往往的行人已经开始减少，街对面馆子里的生意依然红火，有几个人正在大声划拳，馆子门口，有人在卖花生米瓜子，那个卖花的小姑娘也到那去兜生意了。一个衣着时髦的女郎在旅馆门口徘徊，不远处的电线杆下，还有一个穿着旗袍的时髦女郎，这些女孩子是干什么的，一眼就能看出来。

房间里充满了玫瑰花香。接下来该干什么，雨媛和余克润心里都有数，他们心不在焉地说着什么。雨媛注意到有人从馆子里东倒西歪地走出来，掏出钱包向卖花的小姑娘买花，这时候，余克润突然拉灭了房间里的电灯，从背后搂住了雨媛。准备的时间仿佛过长了一些，雨媛早就等待着这一刻的到来，结果当她感觉到余克润迫不及待的手在自己身上摸来摸去的时候，她也迫不及待地把余克润推倒在他身后的床上。她的动作野蛮得让自己也觉得滑稽，她想表现得主动一些，但是主动得过了头，以至于使余克润产生了误会。余克润以为她迫切地想着那件事，情绪立刻受了些干扰，他的反应也有些过头。

床头柜上的玫瑰花被他们碰翻了，杯子里的自来水淌了一地。雨媛感到一种说不出的茫然，余克润显然是出色的，但是她的注意力根本集中不起来。她像一个迷路的孩子不知所措，不知道自己现在究竟干什么才好。她的激动很有些做作的味道，为了不让余克润失望，也为了不让他感到她的失望，她不得不非常机械地搂紧余克润。两人要是好好地说一晚上话多好，或者就是坐在那慢慢地欣赏窗外的景色多好，为什么男女之间的事情，一上床便一切都结束了。雨媛又一次想到余克润完全可能和别的女孩子到旅馆里去开房间。这念头刚出现，她便警告自己此时此刻不应该想这事。她应该想一些高兴的事情，譬如他们刚见面的愉快时光，余克润带着她第一次坐吉普车，他们坐着吉普车一直往郊区开，翻山越岭，有一次竟然把吉普车开到了田里去。

余克润曾许诺要带她坐一次飞机，带她坐飞机是他们婚前经常要提到的话题，可惜自从结婚以后，这个话题再也没有被提起过。坐着飞机在天空上翱翔一定是件很刺激的事情，雨媛曾经许多次梦到自己坐飞机时的情景。她梦见自己在蓝天白云之间穿梭，星星和月亮近得一伸手就可以碰到。她梦见自己坐的飞机在天空上打着滚，从高处对着地面急速俯冲。在这个特殊的夜晚，雨媛全无困意，余克润早就睡着了，他不打呼噜。但是雨媛熟悉他睡着时均匀的呼吸声。有好几次，雨媛想把他喊醒，对他重提带她坐飞机的话题，然而她不忍心喊醒他。雨媛知道就算是喊醒了他也没有用，他会讥笑她又在胡思乱想，每当雨媛提出一些不切实际的想法时，余克润就会不怀好意地暗笑半天，一直笑到雨媛自己感到不好意思为止。

"不坐飞机也没什么了不起！"雨媛躺在黑暗中，自言自语地说着。

半夜里下起了小雨，响起了春天的第一声雷。天快亮时，雨媛迷迷糊糊地刚要睡着，被窗外熙熙攘攘的人声吵醒了。她伏在窗台上往下看，只见外面大街上的两侧都挤满了人，有几名警察在维持着秩序。人们都踮着脚往东面看，不时有人溜到街中间，伸长了脖子张望。

警察挥舞着手中的棍棒，让跑到街中间的人，立刻回到旁边的队伍里去。突然有人大声地喊着"真的来了"。人群顿时激动起来，一个个把脖子伸得更长。余克润也被声音吵醒，他来到窗台上和雨媛一起往下看。雨过天晴，太阳刚刚升起来，地上还是湿漉漉的。从东面远远地正有人跑过来，越跑越近，终于能看清楚了，是几个荷枪实弹的战士。原来市府为了纪念南京建都十周年，和军事机关联合举办武装赛跑。跑在前几名的都是军校的学生，领先的几名和后面的大队人马相差不少距离，等他们过去了好一会，浩浩荡荡的人马才赶到，在参加武装赛跑的人中，除了军人，还有受训的壮丁和学校的学生。雨媛终于从人群中认出了陆军司令部的人，只见他们大汗淋漓，一边小跑，一边擦着头上的汗。参加武装赛跑的人很多，大家情绪昂扬精神饱满，一个个身上好像都有着用不完的力量。两名记者不时地跑到路的中间去拍照。有一个战士的鞋跑掉了，就穿着一只鞋跑过来，一名记者追在后面，想拍下这镜头，但是那战士跑得飞快，不时地又有别的人从后面插上来，结果也不知道那记者的照片到底是拍还是没拍。

陈彦：戏剧与人世间

陈　彦，1963 年出生，陕西镇安人。一级编剧，中国作家协会会员。享受国务院特殊津贴专家，文化部优秀专家，全国宣传文化系统"四个一批人才"。

创作有《迟开的玫瑰》《大树西迁》《西京故事》等戏剧作品数十部，三次获"曹禺戏剧文学奖""文华编剧奖"，三度入选"国家舞台艺术精品工程·十大精品剧目"。创作的电视剧《大树小树》获电视剧"飞天奖"，多次获"全国五个一工程奖"，首届"中华艺文奖"获得者。出版长篇小说《西京故事》《装台》《主角》。其中《装台》获"2015 中国好书"文学艺术类第一名，获"首届吴承恩长篇小说奖"。《主角》获"第三届施耐庵长篇小说奖"。散文随笔集有《必须抵达》《边走边看》《坚挺的表达》，以及《陈彦剧作选》等。2019 年 8 月 16 日，凭借作品《主角》获得第十届茅盾文学奖。

2019 年 9 月 23 日，陈彦长篇小说《装台》入选新中国"70 年 70 部长篇小说典藏"。

人常说，人生如戏。其实是说，世间的每个人都是社会戏剧中的一个角儿。一九九九年，我还在西安交通大学费力地攻读会计专业时，陕西省戏曲研究院的大幅海报《迟开的玫瑰》贴进了学校的广告栏。一时间，校园里风起云涌，同宿舍的同学们都吆喝着晚上一起看热闹。对于戏曲，无论是音乐、舞美，还是演员的表演方式，我都不大赞赏过于新的包装与改革。迟开的玫瑰、古老的眉户与浪漫的玫瑰怎么就能挂上钩？

　　带着这些疑惑，我还是匆匆赶往礼堂。必须承认，这是我人生中一次颠覆性的观赏体验，全场近千名观众，站站坐坐，将不大的礼堂围得水泄不通，精彩时掌声雷动，动情处哭声一片。地方性的语言，并没有影响观众对剧情的理解与感染，大段的韵腔唱词，霸占了观众的耳朵，震撼着每一个人的心灵。

　　《迟开的玫瑰》在西安交大连演七场，场场座无虚席，这在建校史上可谓大姑娘上轿——头一回。一场地方戏，与年轻男女学生们做了一次深度的沟通和交流；与学校的中年知识分子进行了一番深情的人生回味；与现场的每个观众都进行了一场关于人生价值的探讨。特别对于我们这一代，当时正在迫切地追寻自己的人生价值，心绪杂乱无章，躁动的灵魂无处安放，却被剧中一个叫"乔雪梅"的女子给镇住了。她以自我牺牲，重新定义了爱的内涵，在更广义的人生区间讨论人生价值。

二十世纪九十年代末，提倡地方戏振兴已经二十多年了，当时名剧作家匮乏，名作曲家低迷，名演员流失，名导演奇缺，观众对戏剧舞台变得陌生，拒绝买票看戏。人们将这一切怪罪于时代和不爱看戏的年轻人。而《迟开的玫瑰》在戏剧"雾霾"中杀出了重围，以剧情、音乐、舞美、灯光、表演的完美结合征服了观众，证实了地方戏仍然存在着不可阻挡的魅力。

在接下来的十几年里，一位叫陈彦的剧作家，坚持高度的文化自觉，坚持崇尚的社会担当，坚持独慧的价值认知，以坚忍不拔的毅力接连创作了几部与生活在古城西安的人有关的现代剧。《大树西迁》《西京故事》与《迟开的玫瑰》被誉为"西京三部曲"，部部都创造出票房奇迹，每一部都获得国家舞台艺术精品工程"十大精品剧目"，有的还荣登榜首，引起全国戏曲界、文学界的共同关注。

但在我看来，所有的一切都拗不过一个最坚硬的标准：观众买票进剧场了。这是观众给予戏剧最根本的信任和最大的褒奖。

二〇一五年底，剧作家陈彦的长篇小说《装台》悄然问世，并荣获二〇一五年度长篇小说排行榜首。这是一部与舞台紧密相关，又与舞台"毫无关系"的小说。我拨通了他的电话……

永远描写小人物

高　杨：我以为您会继续写西京第四部大戏，怎么又写起了长篇小说？

陈　彦：了解我的人都知道，我喜欢写舞台剧，那是因为我喜欢古典诗词，喜欢唐诗、宋词、元散曲。中华传统文化真的是奥妙无穷，有些作者将句子锤炼得那么精彩、那么情景交融、那么"一石三鸟"，尤其是元曲，竟然那么生活、生动，那么有趣，雅能雅到不可"狎玩焉'"，俗能俗到像隔壁他大舅与他二舅在聊天，真是一种太神太妙的艺术境界。

如果说，戏剧欣赏是集合了几百上千甚至数千不同背景、身份、年龄的人们，有时一场好戏甚至达到万人同看的话，小说则是一种个体阅读，这种个体阅读的作品创作，与戏曲在很多处理上是不尽相同的。但无论写舞台剧还是小说，都是为了让人观赏、阅读，但是我们必须为受众思考一些问题，要认识到观看者、阅读者的不同感受。一群人集体看与一个人个体看，有时感受可能是完全相反的。什么东西你觉得是合适的，触动了你的创作神经，你有表达的欲望，并且你认为用这种方式表达最合适，就用这种方式表达好了。所以说，当你碰到一个题材，你久久为之动心，甚至动容，又一直在接触和观察，最终还是会寻找一个适合于它的载体，《装台》大致用小说的表现形式更恰当些。

高　杨：跟您第一部长篇小说《西京故事》一样，依然关注小人物？

陈　彦：对。小人物，普通人，永远是我书写的主体。有人说，我总在为小人物立传。我觉得，一切强势的东西，难道还需要你去锦上添花么吗？我的写作，就尽量去为那些无助的人，舔一舔伤口，找一点温暖与亮色，尤其是寻找一点奢侈的爱。

你看城市中数量庞大的农民工群体值得更多的人关注与书写。一座大城市，少则几十万，多则成百万、甚至数百万外来务工人员，他们往往出现在这座城市最破烂、最肮脏的地方，清扫着马路、建设着高楼、疏通着管道，干着最苦最累最脏的活儿，一旦哪里建设得花坛簇拥，一道围墙便把他们永远挡在了墙外。是什么东西在支撑着他们、支撑着他们在城市的边缘谋生，支撑着他们在苦难中挣扎前行？是什么样的生命信念让他们坚持着这种谋生方式，守望着他们的生存与道德底线，且长期与城市相安无事，一切的一切，都值得城里人很好地去回眸、关注、探究并深刻反思。

高　杨：剧作家杨健曾评论《西京故事》里罗天福"是一个小人物，但他也是鲁迅所说的那些民族脊梁之一。他以诚实劳动，合法收入，推进着他的城市梦想；他以最卑微的人生，最苦焦的劳作，坚持着一些大人物已不具有的光亮人格……"陈忠实先生也曾评价罗天福这个人物形象"当属当代文学作品中独得的'这一个'"。那在《装台》当中的刁顺子，您又是如何考虑这个人物的？

陈　彦：写装台人也是囿于我的生活和工作。相对于舞台上面聚光灯下轻歌曼舞或字正腔圆的明星演员，在演出前后出力流汗装拆舞台的"装台人"，是一群不被人关注的人群。

装台工作虽然对于大多数人而言是陌生的，但他们在生命中所不能承受之重，他们的坚守与挣扎、光荣与梦想，与我们却没有根本的不同。我熟悉他们，甚至很长一段时间，我觉得自己就是他们当中的一员，欢乐着他们的欢乐，忧愁着他们的忧愁。

至于你说人物的意义，无论写作时，还是写完后，我还都没有琢磨这些，只是因了那些不能忘却的记忆。我没有整块时间去梳理这些记忆，只能在晚上和节假日休息时，去一点一点地接近他们，还原他们。

高　杨：二〇一六年《长篇小说选刊》第一部选的便是《装台》，

在卷首语中评价这部小说"关注底层小人物并不难，难的是你了解不了解他们的营生勾当，熟悉不熟悉他们的言语做派，对他们的内心和命运有没有足够的体察和思考……"我们知道您非常了解舞台，但您如何了解装台人呢？

陈　彦：《装台》描写了一群长年为专业演出团体搭建舞台布景和灯光的人。如今，舞台装置越来越复杂，甚至涉及建筑、水利、木材、钢铁方面的加工技术，且基本都是重体力活，演出团体内部人员已经难以胜任，因而就催生出了"装台"这样一个行当。我与他们打了二十多年交道，对于这样一群人，我一直觉得很亲近。虽然装台是个小行当，但混迹于他们之间，我却从中琢磨出了大滋味。装台人也有着他们的"生活逻辑"，有他们的价值坚守、责任和担当。

写《装台》之前，因为工作关系，我就已经与不少"装台人"熟识。我常常琢磨这个特殊的群体，发现"他们大多数是从乡下来的农民工，但也有城里人，往往这些城里人就是他们的'主心骨'，当然，也有的就成了他们的'南霸天'"。在写作之前，我还特地找来几位比较熟悉的装台人，进行了长谈，做了好多笔记。正是平时这种细致的观察和创作前的长期准备，黏合了好多装台人的形象，才有了刁顺子这样真实丰满、充满个性的人物。

我始终觉得，小说是书写生存的艺术，书写生存的卑微与伟大、激情与困顿。《装台》正是展现了这样一群在底层挣扎的小人物们困苦而庄严的生存故事。

人一生常处在矛盾与两难选择之中，当两难选择被完整呈现、人生困境被真实再现、心灵世界被充分打开后，主人公在自觉与不自觉之间做出了持守正道的人生抉择，这样的人物形象是在充分的张力中呈现人物内心的纠结、矛盾与反复，而在这样的铺陈后，人物最后的选择就是一种水到渠成。

好作品要下笨功夫

高　杨：听说您喜欢长跑？

陈　彦：呵，是的，保持几十年了。其实，这里头有个秘密，在陕西省戏曲研究院担任院长十年，我每天早上都跑一个小时。别人以为是院长在锻炼身体，其实，在晨跑中我完成了一个庞大的学习计划——背诵《元典》，又从老子的《道德经》，庄子的《逍遥游》《齐物论》《秋水》，到《大学》《中庸》，再到一万七千多字的《论语》，还有三万五千多字的《孟子》，我都是在日复一日的晨跑中完成背诵的。

我这个人喜欢下笨功夫，当年创作电影剧本《司马迁》的时候，我将《史记》通读了四遍，而且阅读的是四种不同的评注版本。每读一遍，描红批注都是密密麻麻。结果通读完了之后还是找不到人物形象，后来我将司马迁的《报任安书》背了下来，随后在构思剧本的时候，躺在床上一边背着《报任安书》，一边在头脑中复活司马迁的人物形象，他的为人、做派、性格、性情以及说话的语言表达方式就逐渐清晰了。

剧本创作如此，对于书法学习，也是一样。二十年前，我有了学习书法的念头，别人告诉我要多多临帖，我首先用三年时间将《圣教序》临了一百遍。认真做好每一件该做的事，无论创作还是工作，都当如此。

高　杨：您是如何开始编剧的呢？

陈　彦：我十六岁的时候就开始学着编剧了，写了一个《范进中举》，算一次对自己的试探吧。第二年，我写了人生中第一篇小说《爆炸》，写的是政府改河工程给小人物带来的生存危机，发表在内刊《陕西工人文艺》上。一九八一年，我已经开始在镇安县剧团学习编剧。在那几年中，我写了六部大戏，有现代戏，也有历史剧。形式有话剧，有山歌剧，也有地方花鼓戏。在我二十二岁那年，甚至有几个不同的演出团体，将我创作的《沉重的生活进行曲》《爱情金钱变奏曲》《丑家的头等大事》等四部剧作同时搬上舞台。

高　杨：听说您除了凭《迟开的玫瑰》《大树西迁》《西京故事》三部现代戏，三度获得"曹禺文学奖"，又三度获得国家文化部"文华编剧奖"、首届"中华艺文奖""中国戏曲现代戏突出贡献奖"，多次荣获中宣部精神文明建设"五个一工程"奖、国家舞台艺术精品工程"十大精品剧目"、中国戏剧奖·优秀剧目奖，另外，还写过一部三十集的电视剧，不仅在央视一套播出，而且还获得了"飞天奖"和"五个一工程奖"。

陈　彦：写了一部三十集长篇电视剧《大树小树》。其实，无论是写电视剧、戏曲剧本、小说，有很多东西是相通的。我认为创作要坚守恒常价值。我不喜欢在作品中过多地演绎新观念。在我所有的作品里，我始终在寻找人类生活中的那些恒常价值。人类生活是相通的，都要向善、向好、向美、向前。那些经过历史检验，对人类社会的发展、对人类自身的生存、对人与人之间适当关系调节起着永恒作用的长效价值，可能是我们每一个时代都需要进行重新阐释、重新拨亮的价值。人类社会发展到一定阶段，需要对一些价值观进行重新省察、甄别，有许多值得重新拨亮，拨亮之后，这些传统价值就是时代的，甚至可能成为一个时代的最强音，比如厚德，比如诚信，比如以诚实劳动安身立命，等等。

联系到城市中这样一群数量庞大的农民工，我觉得他们始终坚守着一种东西，那是中华民族，甚至人类最为朴素的恒常价值，这些价值让他们的劳作、让他们这些小人物的人生充满了坚韧性、道德感和尊严感。

高　杨：在您的作品里，始终有一个异乡人的视角，讲的也是他们努力打拼的故事，这是出于何种考虑呢？

陈　彦：哦，是啊。我想我是想表达一种敬意吧，一种尊重。城市应从内心深处尊重这些外来的建设者们。他们对城市有陌生感、漂泊感、孤独感、卑微感等等。城市里最美的地方都是他们建设的，一旦建设好，他们就离这些地方最远最远。我去木塔寨看过，那里是几万农民工的聚集地，我感到很震撼，是这样一群人托起了城市的高度，我们应该向他们表示敬意。

我还想为老实人和那些用笨办法谋求成功的人唱一句赞歌。比如，我在《西京故事》里着力塑造的一家人。父亲罗天福是民办教师出身，可以说是儒家思想的一个典型代表人物，他积极入世，日夜盼着自己两个考上重点大学的孩子成为栋梁之材。谁知儿子在理想与现实的巨大落差中，变态失衡，桀骜不驯，离校出走，直至有"登高一跳皆了然"的决绝念头。这一切都与社会现实中的价值迷失、心性浮躁、急于求成，当然也与社会分配不公等时代病症密切相关，曾几何时，我们不再觉得那些老老实实干事的人是最可宝贵的、那些凭诚实劳动获取报酬的人是光荣的。那些靠走捷径，"一镢头挖个金娃娃"的人，已被这个时代称为英雄。看似普通的价值颠覆，一旦演化成社会的普遍道德标准，那么这个社会的根基就要产生动摇。罗天福仍然在坚守着一些极朴素寻常的人格价值，但好像已经觉得是在打一场惊心动魄的心灵战争了。

戏曲还是要先保护传承

高　杨：您如何看待戏曲与人的关系？

陈　彦：俗话说，一方水土养一方人。一方水土，是山川丘陵，是水泽湖泊，由于形貌不同，生长在那块土地上的人，也就禀赋了不同的个性气质，形塑了不同的身材容貌，尤其是炼化出了不同的语音腔调。民族地方戏曲，都从这种不同的个性气质、语音腔调中来，因而，一方水土在养一方人的同时，也就养出了一方戏来。

戏曲的起源史，说法不一，最终都以成熟阶段作起始，然而，一种艺术样式在有了剧本记载的时候才作为起始点，是湮没了此前多么漫长而又艰难的孕育过程哪！因此，中国戏曲历史直追到秦汉，追到先秦的"优孟衣冠"，甚至追到原始社会的歌舞祭祀，也都颇有道理。但戏曲是综合艺术，必具文学、音乐、舞蹈、美术，甚至武术、杂技等诸多要素，才能称之为戏曲。用王国维对戏曲审美特征的定位"以歌舞演故事"看，"故事"当是戏曲的筋骨与灵魂，因此，从有剧本遗存的宋、元杂剧开始八百余年的戏曲史，当是一种无奈、也是一种理性的厘定。

戏曲发展到明代中叶，昆曲与北方梆子戏鼻祖秦腔的形成，也都是有赖文学本遗存为起点，以六百多年的历史，让戏曲以南北两个轴心的形式，在不同地域逐渐辐射流播开来。俗话讲，十里不同俗，百里不同调。在这种辐射流播中，山川风貌、人情物理、地域方言、民歌民俗，又不断丰富与形塑着两大轴心剧种的品格，最终，多个以昆曲为代表的"曲牌体"与以梆子腔、皮黄腔为代表的"板腔体"剧种，就在中华大地氤氲开来。你问我，戏曲与人的关系，从戏曲的发展史来看，戏曲当然是人类生活及文化活动最鲜活的载体。它使每一方水土都获得了独特的文化形象。

高　杨：振兴戏曲的口号喊了很多年了，但全国大部分的戏曲团体还是在艰难度日。您觉得他们该怎么办？

陈　彦：最近，国务院办公厅印发了《关于支持戏曲传承发展的若干政策》，从根基上实施了对民族戏曲文化传承发展的固本战略，被业内人士称为"真金白银"的好政策。也只有在国家经济社会发展繁荣时期，在民族文化自信的普遍觉悟时期，戏曲这个看似群落很庞大，但其实很弱小、很分散、很"个体"的艺术样式，才能得到真正的传承、抢救与保护。

传承保护的首要任务是保护戏曲个性，保护剧种个性，保护地域文化特色。如果在不同的"抢救""振兴""发展"中，不认真研究剧种特性，不从地域文化的根脉上寻找保护因素，固本培基，而将暂时的吸引眼球、讨好不同人群的掌声，尤其是一味地迎合时尚观众的认同作为代价，使数百地方戏曲剧种全然现代化、时尚化继而同质化，那么这种抢救保护就将是饮鸩止渴。有些地方戏，只适合演家长里短的生活小戏，偏要扛起治国安邦的厚重历史大作；有些剧种只适合载歌载舞，轻盈巧做，却偏要完成生命不能承受之重的巨大建设话题。尤其是对当地一些真人真事的沉重背负，并且都要一味地大制作、大气派，为了所谓的"艺术上台阶"，在真山、真水、真屋舍的"豪华版"竞赛中，连戏曲的虚拟性也全然篦掉。台上五光十色，数百光圈、光柱立体环绕，似乎都要以看不清演员表演为目的，虽美轮美奂、神秘莫测、感官刺激了，但诸多创作，在相同的"团队"，以相同的手段所制造的相同的"太虚幻境"中，也全然抹杀了戏曲剧种个性的"百衲衣"般的异彩纷呈。很多戏，如果不标剧种名称，几乎已无法判断其姓甚名谁。

剧种的抢救保护，不能以牺牲个性为代价。这几年，地方戏曲消亡速度令人惊异。但这是时代的自然淘汰，戏曲作为农耕文明的产物，在国家大规模的城市化进程中，必然遭此致命一击。即使如此，也不能用饮鸩止渴的方式来"保护和抢救"。

高　杨：地方戏该如何发展下去？

陈　彦：中华文化是一个庞大的生命体系，从源头活水到典籍珍藏，有一个巨大的孕育、孵化、汰选、精炼过程，戏曲正是从源头活水直接汲取生存养料的大众艺术。这种艺术的持续发展，永远有赖于源头活水的直接滋养。这种滋养不仅包括人物、语言、故事、生活方式，以及原始想象力、创造力的养料，更有精神价值的诸种探索凝结，譬如乡规民约、家书家训、民歌民谚、乡俗乡风这些具有原创力的精神颗粒，很多是靠地方戏曲与族谱、志书记载下来的，然后经由各种途径的提升化合，最终转化为一个民族的精神谱系甚至社会制度、法律法规的。孟德斯鸠《论法的精神》讲，一个国家的法律制定如果离开了其民族的风尚习性，就可能堕落成一纸空文。足见散落在千沟万壑中的民间生命样态对于一个国家、一个民族完善其合理制度的不可或缺。在资讯尚不发达的年代，甚至在今天的很多农村，戏曲文化仍是诸多村民获取历史、法律、人伦常识，从而建立起人与人之间适当关系的重要手段。我们说保护乡愁，其实保护地方戏曲正是对乡愁尤其是乡音的最好保护。

地方戏曲最重要的推手依然来自民间，民间的巨大喂养能力是戏曲生命的根基。因为戏曲这种艺术样式对故事、说唱、表演、技巧的高度综合性，而使它在数百年来比别的艺术具有了更大的受众面。无论是来自体面人家的班社，还是民间以演唱为生的戏班，都存在生存问题。即使最小的班社，也得十几号人。这一行毕竟是精神劳动，在自给自足的年代，社会分工简单，唱戏既不打粮食，也不产生产工具，更无法像大夫、兽医以及各种工匠一样，拿手艺直接作用于社会，它的"可有可无"性，决定了它的社会地位。尽管如此，由于人的精神需要，仍有许多戏班在那个年代此消彼长地存活下来。那种生存方式，其实更有助于打磨戏曲，去芜存菁，使得优秀的剧目流传下来。

陈彦的办公室非常简朴，房间角落里搭起一张供临时休息的小床，墙上贴着他新近的书法。床上、床边堆放着很多的书，随手就能拿到一本翻页开腔。采访过程中，我们的谈话数次中断，不断有新的任务和工作应酬，的确如他形容的那样"忙得鬼吹火"。

陈彦嗓音洪亮，非常健谈，并没有我想象中的疲惫。作家嘛，又公务缠身，还要大量读书、研习书法、锻炼身体……时间如何安排？他笑着说，"其实，只要你想，时间总是够的，学习的时间永远都有。"

谈到戏，他似乎着急，急切中又透着坚韧。看得出，经过二十多年的艰辛、奋进与碰撞，他对戏、对人生、对舞台已视若生命。

他取得的成绩，以及那些我们没有看到的背后，都帮他铸造出一套戏剧舞台的铁律，使得他能够带领一群跟随他一样爱戏的人利用高台教化去争取更多的观众。

对于文学创作，他表现得有点羞涩，谦虚得跟他的作品分量极不相称。他说：人只有懂得敬畏，才不会被庸俗的洪流淹没。

我准备离开时，他送我几本自己的作品，认真签上名字，写着很客气的话，还特别找了一个纸袋帮我将几本厚重的书装起来。对一个后生晚辈，他却如此客气，令我觉得有些忐忑。

挥手道别后，我下了楼，站在空旷的省委办公大院里，抬头望着威严的办公大楼，感慨颇多。陈彦，一位从陕西镇安走出来的剧作家，凭着自己的努力与打拼，凭着对文学和戏剧的一腔痴爱，凭着对人世间的质朴情感，成就了自己，更成就了自己所执着的文化事业。他所经历的这一切，不正是他书写的那些来省城打拼的异乡人的故事吗？

艺术没有严格的度量衡，有的只是文化高度自觉的现场感悟，这种现场感悟的差异就是精神高度。而我由陈彦的今天仰望到了他的未来。

《装台》(节选)

　　顺子新婚，只在家耽误了一天一晚上，就赶到舞台上去了。十几个伙计早都来了，不过都袖笼着双手，散落在后台门口扯咸淡。大吊正说顺子今天肯定爬不起来了，让那个蔡素芬抽干了，顺子就蔫蔫歪歪地走过来了。虽然平常顺子就是这副神气，扁扁脑袋还有点偏，走路两腿总是撑不直，往前移动着的，像是两截走了气的老汽车内胎，但今天这两截内胎好像格外缺气似的，越发地拖拉着，就把大家都惹笑了。

　　猴子先蹦了句怪话："完了完了，顺子好像连蛋都让人夹碎了。"

　　连年龄最小的墩子，也眯缝着小眼睛说："顺子哥都过五十的人了，还娶个三房，真格是不要命了。"

　　"你懂个萝卜，人家过去有钱人，老了老了还娶几房，图的就是养生哩。顺子他太爷就娶过好几房呢，这家伙是学他太爷哩。"大吊话还没说完，顺子就已经走到跟前了。

　　"狗贼都说我啥坏话呢？"顺子问。

　　"说你金刚钻硬，能揽瓷器活儿。"大吊说。

　　大家又哄地笑了。

一直趴在一个道具"龙椅"上的猴子说："说你肾功能好，能咥哩，都过三房了。不过双腿也都快软成棉花套子了。"

顺子照猴子沟门子踢了一脚："我就知道你狗嘴里吐不出象牙来，你没看都啥时候了，非等着我来才装呀。一早瞿团长就来电话了，说今晚台必须装起，人家明天有重要接待演出呢。"

"尽弄这急煞火的事，屎的，前天昨天，连着两天两夜给话剧团装台，今晚再给秦腔团装一夜，几天都没睡过囫囵觉了，还不把人挣失塌了。"

"猴子，你甭扰乱军心，咱就吃的这碗装台饭，不想熬夜了你喝风把屁去。都少撂干话，快上台。"顺子说着先进后台了。

猴子在后边还嘟哝说："那中午给大家一人加只鸡腿吧。"

顺子说："我还给你加个鸡巴要不要。"然后就吩咐了起来，"墩子，你几个吊软硬片景。大吊，你四个还装灯，瞿团长说了，要按去北京调演的灯位装，六十四台电脑灯，一百二十个回光，一个都不能少。"

大吊说："这么短的时间，肯定装不起来。"说着，大吊还把一个灯箱狠狠踢了一脚。

顺子回过头来，冲着大吊说："装不起也得装，人家加了钱的。猴子，上去放吊杆。"说完，自己先驮起一个灯箱，往耳光槽走去。那灯箱至少也有百十斤重，他双腿明显有些打闪，但还是颤巍巍地驮到耳光槽里去了。大伙也就跟着嘟嘟嚷嚷地干了起来。

顺子是这十几号人的老板，但从来也没人叫过他什么老板。顺子有个口头禅：咱就是下苦的。谁能下苦，谁就跟咱干，下不了苦，就趔远。这世上七十二行里，还不包括装台，装台是新兴行业，如果能列进第七十三行，在顺子们看来，大概就算最苦的一行了。基本上没明没黑，人都活成鬼了，人家演出单位，基本都是白天上班排练，舞台就得晚上装好。到了白天，你也闲不下，还得在一旁伺候着，那些导演们基本都是脏嘴，开口骂人就跟家常便饭一样，连女的都是那样一副德行，开口"操你妈"，闭口"我操你姥姥"，有时直接还给你个中指："啧！"不过说的都是极其标准的普通话而已。好多装台的，不仅受不了苦，而且也受不了气，干着干着，就去寻了别的活路，唯有顺子坚持下来了，并且有了名声。现在，整个西京城，只要有装台拆台，给文艺团体装车卸车的活儿，全都找到他顺子头上了，别人想插手都插不进去。这样，自己身边就聚集了一堆吃饭的人。也有不少人建议，让他成立个文化公司什么的，他也到工商部门办了执照，但从来不让人喊他经理老板什么的，一喊，他就说是糟践他呢，他说他就是个下苦的。

顺子手下也没有中层这些架构，就是相对固定几个招呼人，分几个组，管管灯光，管管软硬片景，多数时候是老王打狗，一起上手。反正啥他都带头干，账也分在明处，人家剧团给多少钱，大伙心里，其实都明得跟镜一样，活儿都是靠他的名头揽下的，他多分几个，大家也都觉得是情理中的事。何况顺子也不贪，总说有钱大家挣，因此，跟着他的人，有好多也都是七八上十年的老人手了，他们把这一行干得精到的，连使一个眼色，都知道是要钳子还是要锤子，是上吊杆还是下吊杆。

瞿团长老说："我看顺子这帮人手，个个都能评高级舞台技师了，比咱团里那帮不吃凉粉占板凳的人强多了。"顺子害怕引起团里那些人的嫉恨，就赶忙圆场说，咱们就是下苦的，这点手艺，也还都是人家团上那些老师手把手教下的。反正啥事都只是下苦干，不抢人家任何人的风头。

瞿团长就常常笑着说："你别看顺子，也算是天底下第一号滑头了。"

顺子也总是笑着回应："下苦，咱就是个下苦的。"

他们刚吊了几片软景，灯光还都没运到位，瞿团长就来了。行话说：要怄气，领班戏。剧团领导多数就长了副挨骂的相，活脱脱一个受气包。但瞿团长这个人却有些例外，不仅在大面上没人敢胡来，就是背后，顺子他们也很少听到有人骂他的，最多说他"耳朵根子软"、"爷"多，"奶"多，"姨"多而已。所谓"爷""奶""姨"，就是那些难缠的男女主演，行里叫"角儿"。这些人物，不光是瞿团长缠不直，搁在哪个领戏班的人手上，也不好缠。瞿团长是个作曲家，团里好多戏都是他写的曲子，据说他对外写一本戏的曲子，能挣二三十万，但自他当了团长以后，就只给本团写，再没接过外面的活儿，并且也没拿过团里的稿酬，大家也由此对他有了一分敬意。

剧团人有个习惯，爱把所有领导职务后边的"长"字都简化掉，比如刘科长，叫刘科，南队长，叫南队，赵股长，叫赵股，瞿团长，自然就叫瞿团了。好像这样平等一些，大概是也亲切一些吧，顺子也就跟着这样叫了。

瞿团对艺术要求很严，虽然戴着眼镜，文文气气的，但有时急了也会骂娘。有一回，顺子就亲眼看见瞿团摔了正讲话的话筒，不过多数时候，还是一副心平气和的样子。顺子跟他已经打了多年交道了。

顺子记得第一次见瞿团，是在他刚上任的时候，有一次剧团要到南方演出，带的是《游西湖》和《周仁回府》，两个戏也都是演了多年的老戏，可就是因为演得多了，演"油汤"了，舞台灯光布景也极不讲究，南方演出公司来审看节目的人，反复要求团里要提高质量，害怕去演砸了。当时瞿团才上任，对团里情况两眼一抹黑，很多工作推不前去，有些人也故意等着看他的笑话。那天，顺子趁没人时，凑到了瞿团跟前，直截了当地说："瞿团，这回我恐怕得去。"瞿团一头雾水地问："你，干啥的？"顺子以为以他的知名度，瞿团是应该知道的，更何况这几天加工排练，他一直都在现场，并且故意在瞿团面前绕来绕去过很多次，没想到瞿团竟然不知道他，更别说懂得他的重要性了，这实在让他有些失落。他就简单把自己情况介绍了一下，最后反复强调说："这么重要的演出，你瞿团又是新官上任，你看这团上的情况，都成一盘散沙了，牛拽马不拽的，见晚上演出都捅娄子，我不去，这台上台下谁给你盯着呀，只怕连个浑全台都装不起来哟。"瞿团当时很不以为然地乜斜了他一眼说："团上光舞美队就三十几号人，还需要你去盯着，该弄啥弄啥去。"直到那次演出回来，为装台拆台让瞿团费尽了心力，并且灯光布景出了好几次事故，观众连倒掌都鼓上来了，瞿团才搞明白团上舞美队里错综复杂的矛盾。不过也就从那次起，瞿团深深记住了他刁顺子。一来二去的，两人几乎成了好朋友。团上人都爱跟他开玩笑说："顺子伢是瞿团的红人。"他还是那句老话："啥红人，咱就是个下苦的。"

瞿团一来就喊顺子："哎，顺子，你们装快点噢，晚上灯光师就要进来对光，明天早上八点，演员乐队准时进场三结合。误了时间，可拿你是问哟。"

顺子从灯光楼里溜下来，弄得满身的灰尘，连头发都沾满了蜘蛛网。他拍拍灰手，把灰头土脸抹了一把后说："瞿团，你也都看见了，弟兄们干得连放屁的时间都没有。"

"你就吹，放屁和干活有关系嘛。"

"嘿嘿，打个比方嘛。不过瞿团，今天这活儿真的有点重，你看噢，平常就装二十几台电脑灯，四十几个回光，有些还是现成的，这回全是从外地演出拉回来的，连上个螺丝的工夫都省不下。弟兄们都骂我呢，说跟我干活儿，算是皇上娘娘拾麦穗，就图混了心焦了。"

"啥意思吗？"瞿团好像没听明白似的。

顺子笑着说："嘿嘿，挣不下钱嘛。"

"你少来这一套噢，顺子。"瞿团好像有些严肃了。

顺子就急忙改口说："不敢，咱就是个下苦的，瞿团。我这×嘴也就是好嘟嘟。"

"我可听办公室讲，装这个台，是给你加了钱的。"瞿团又笑着说。

"加是加了，也就加了一千块，大家都骂我哩。"

瞿团当下就问："哎，你们谁骂你顺子老板了？"

猴子急忙举手："我骂了。"

墩子也举手说："我也骂了。"

大家就笑了。

顺子说："你看你看。难弄得很，都钻到钱眼里了，你还指望这一伙万货给你学雷锋哩。"

"我给你说顺子，明晚是公益演出，我们一分钱也不挣，大家的演出补贴，我还不知到哪儿要去呢。行了，办公室能给你加一千块，已经是破例了，你就知足吧。赶快干活儿。"说着，瞿团就要离开。

顺子又拿出了那种死缠硬磨的劲儿说："瞿团，你看大家都说你从不亏待下苦的，加钱不说了，那中午给大家盒饭里，一人加一只鸡腿得成吗？你老亲自来一趟嘛，总得犒劳一下三军嘛。"

"你这个刁老板哪！不说了，中午一人加一只鸡腿，两个鸡翅，再外加一包奶。活要是干不好，顺子，我可让办公室在工钱里扣除噢。"

"你放心，瞿团，咱还得顾咱的脸哩。"

瞿团长走了。

墩子带头鼓了几下掌说："哥，哥，晚上你还这样说，让他加个肉夹馍，再一人加瓶啤酒。"

顺子："再给你沟子夹个萝卜。"

正说笑着，顺子的手机响了，是蔡素芬打来的。蔡素芬不说话，只在里面号啕大哭。任他再说忙，那边都不回音，并且越发哭得厉害了。顺子想，素芬可能是跟女儿刁菊花干上了。无论如何他都得回去看看。他跟大吊交代了几句，就急忙出了后台。

潘耀明：皓月繁星当窗见

　　潘耀明，笔名彦火、艾火，1948 年 2 月生，福建省南安县人。香港特别行政区知名作家、编辑家、出版家。1983 年赴美国爱荷华大学语言系进修，1984 年攻读美国纽约大学出版课程，文学硕士。

　　现任明报出版社、明窗出版社及《明报月刊》总编辑兼总经理，香港作家联会执行会长，中国作家协会会员，香港艺术发展局艺术顾问。

二〇〇八年夏天，我在扬州初次见到潘耀明先生，他身材并不高大，却非常挺拔，戴一副金丝边眼镜，说话也很客气。会议报到前，他的秘书美明小姐几次三番来邮件，确认他的行程，并一再叮嘱："潘先生是第一次到扬州，请多多关照！"

记得那次会议嘉宾众多，诸事繁杂。各位学者专家从全国各地而来，好容易聚首，自然少不得互相问候走动。独潘先生放下行李便向酒店外踱去，眼看天色向晚，大雨将至，我便追了出去，潘先生一再表示不会迷路，我还是极不放心。受美明小姐重托，怎能失职。于是，我自告奋勇，当起了潘先生的向导。可他不知道，我也是第一次来扬州呢。

扬州城不大，我们只顺着一条小路向外走去。一路上我陪着潘先生天南海北地聊天，但都离不开文学，离不开杂志。那时候，我们还算是同行，大家都在杂志里工作着，有着同样的痛苦，同样的快乐。潘先生讲起了他刚到《明报月刊》的时候，金庸先生求贤若渴地为他亲手书写聘书的往事，记得他非常感叹，说道："查先生如此看重，又重托于我，工作本身当然很累，却有一分情义在里面。"关于杂志，他还帮我出谋划策，"文学杂志也可以做些广告啊，否则如何生存呢？那并不影响品质，读者会谅解的……"关于未来文学的发展，他乐观地说："这个世界只要有人，文学就会以各种形式存在，像吃饭一样，文学是人类的基本需要……"他还幽默地告诉我，他很羡慕内地作家，有作协和文联可以依托，而香港作家群只能"裸泳"。记得他一再强调，香港的迷人之处，就在于它是一扇文化交流的窗，窗内窗外的风景皆可入画，作为一个文化人，他觉得有重任在肩。

我们沿原路返回酒店时，他突然说："高杨，明年你可以带上你的团队来香港吗，由我们来邀请。"哦？"我们是下半月刊。"我有些气短。"就请下半月刊，请年轻的同人来聊聊也很好啊！"我一愣，"那当然好！"我冒失地答应了，他便伸出一只手同我一握，"一言为定啊！"话说到此，突然雷鸣电闪，大雨终于倾盆而下。

我们俩立刻跑向一间临近的小饭馆。眼看雨却下越急，越来越大，大会的"会师宴"又即将开席，组委会电话不停地催促。于是，两个心急如焚的人，同时盯上了小饭馆门口堆放的破纸箱……

坐而论道毫无用处

高　杨：潘先生好，多年不见，您还是这么帅气、儒雅。

潘耀明：哪里哪里。（笑）这几年纸媒不景气，报纸杂志都很艰难。我也多次跑内地，希望能有些新的力量。二〇〇五年，我成立世界华文旅游文学联会，整合了亚洲、美洲、欧洲、澳洲等全球三十多家文学社团，并定期两年一次组织全球华文名家学者，召开"世界华文旅游文学国际学术研讨会"，探讨华文文学的发展。这件事情张罗的时间也很长了，我一直在来回奔波，到二〇一二年，联会又开办了"字遊网"，汇聚了一大批名人名家开博客写字发图，分享见闻，我的一些老朋友比如余光中、余秋雨、林青霞、刘诗昆，他们都在"字遊网"上开了博客。《明报》上也开设了旅游文学专页，希望通过网络、平面媒体、研讨会等多方位的推广，带动全球华人对华文旅游文学的关注和创作热情。

西班牙旅游文化参赞今年还特地赴香港参加了"第五届世界华文旅游文学国际学术研讨会"，并现场发出邀请，希望二〇一七年的研讨会在西班牙举行。

我是希望能激励更多的人参与华文旅游文学的创作，推动华文文学的发展，同时还能推广世界各地的风土人情、自然风光，从而推动国与国之间、民族与民族之间、地域与地域之间的交流，创建和睦社会。大家都坐着说"文学不景气，文学很艰难"是没有用的。还是需要有人实实在在地做一些事情。

高　杨：想法变成行动很困难。

潘耀明：是啊，的确很难。没有实在的价值，或者带给写作者们实在的好处，很难有人拥护。号召起这么一大群作家跟我一起来做一件事，除了我本人的号召力以外，还是因为大家看到了这件事情本身的价值和意义。

多年以来，华文文学在港澳地区，特别是海外，有些曲高和寡；而现在，由于旅游已成为大多数人生活的一部分，在文学创作中融入旅游，接近现代人的生活。现在看起来，是得到了海内外华文作家和读者的认可，我想这也算是一个推广华文文学的好办法。

高　杨：我知道您其实是福建人。

潘耀明：对，我是福建南安人。我十岁时，父亲把我和母亲从山区里接到香港。了解我的人都知道，我和我母亲住的第一间屋子连个窗户都没有。那时候，我最大的理想就是想要有一张放在窗户下面的写字台，为了这个我们奋斗了很多年。

高　杨：您中学后就开始工作了。

潘耀明：严格地说，是半工半读。中学毕业后，我就开始做编辑，在此之前，我做了很长时间的校对工作和粘粘贴贴的工作。这些工作虽然琐碎，但给我打下很结实的基础，对我后来的工作有很大的帮助。甚至有一段时间，为了赚钱，我还帮人家写过"狗经"，赚一点稿费补贴一下生活吧。

高　杨：您是怎么认识金庸的呢？

潘耀明：哦，那时候我还在香港三联书店，也是刚由主任升职到副总编辑、总经理。又参与了美国爱荷华"国际写作计划"，同时还在纽约大学攻读出版杂志学的硕士学位，每一天都特别特别忙。有一天下午我正忙，突然接到董桥先生的电话，说让我见一个重要的大人物，我匆匆赶去，没想到就是金庸先生要见我，就这样认识了。更没想到第一次见面，金庸先生就提出想请我到《明报》的想法，并且当场书写聘书，令我好感动。

《明报》是金庸先生的心血，香港文化圈里的人都知道，金庸创办《明报》曾经历过一段非常艰难的时期。《明报》也渐渐在华人文化圈子里产生了极大的影响力，于是一九六六年明报集团又新创了一本《明报月刊》。从创刊起，金庸就以"文化、学术、思想"来定义它，锁定全世界的华人学者、知识分子。金庸在创刊号发刊词里强调，"这本刊物能作为海外华人沟通心声的一个桥梁"。

八十年代后期，《明报月刊》致力于呈现全球华人最新鲜、最有思想性的作品而受到业内的肯定，更得到了很多同行的认可。当时的《明报月刊》还刊登了很多内地作家的作品，身在台湾地区、香港特区、海外的学者们，都偷偷从香港买下《明报月刊》带回家。

比如，在哈佛的王德威教授，多年后，他就曾跟我聊过私藏《明报月刊》的事情。（笑）

同时，《明报月刊》也成了很多重要作家发声的基地。比如，聂华苓曾经写过一部长篇小说叫作《桑青与桃红》，在台湾地区连载遭到腰斩。后来就在《明报月刊》全文登载。还有一位台湾地区女作家陈若曦，和她的水利专家丈夫从台湾地区回到大陆，"文革"后曾写了一系列的伤痕文学，《尹县长》《耿尔在北京》《大青鱼》等小说都刊登在《明报月刊》上。无名氏所写的《金色的蛇夜》，也是在《明报月刊》连载。这样的例子太多了，我是想说，《明报月刊》是起文化桥梁的作用。在大陆与台湾地区互不相通的年代，很多文化与文学、作家们的交流，都是由《明报月刊》完成的。

香港是中国文化的大窗子，《明报月刊》是香港文化的小窗子，这个窗子是流通的，四面八方，来者不拒，是一个非常包容的社会，到今天依然在起一个文化交流的作用。老实讲，《明报月刊》已经五十年了，这也的确是件了不得的事。金庸当了一年多的主编，胡菊人在位十几年，董桥做了七年，我是一九九一年来到《明报月刊》的，做到现在，除了短暂离开几年，已经做了二十几年的总编。这二十几年里，我学以致用，做了很多推动文化交流的工作。越来越觉得这份工作的重要，越来越感觉自己的责任重大。

我已将心付"明月"

高　杨： 您曾经离开过《明报月刊》？

潘耀明： 是的。那是一九九五年，《明报》已经是上市公司了，金庸为了搞明河出版集团有限公司，将《明报》卖掉了。他在中央电视台等不同场合，公开表示准备写历史小说的决心。他劝我跟他一起去明河出版有限公司，他给我的薪水很高，跟我签了五年合同。他想重新建立一个出版集团，想办一本文化与历史的杂志，打算将他新的历史小说在这本历史刊物里连载。

记得，一九九五年三月二十二日，我就要到明河出版社上班的前一个星期，金庸先生突然中风，晕倒在自己家的洗手间。那天刚好他的太太不在家，工人也在花园里浇水，没人知道，他就独自躺在冰凉的地板上。结果一个小时后，他自己醒了，他打电话给自己的女婿——著名医师吴维昌先生求救，被送到养和医院救治。情况挺危急，医生说他有三条血管塞了百分之九十以上，需要动手术搭桥，连医生也不敢担保手术一定能够成功。结果，金庸自己签了字。那台手术花了八个多小时，他太太通知我的时候，我心里好不安，冒着大雨跑到养和医院。最后手术不是很顺利，手术后，金庸在医院里待了大半年的时间，恢复不是很好。结果他出院后，历史小说当然也写不出来了。

在我离开的过程中，《明报月刊》的销路降得太厉害。于是当时《明报月刊》的执行董事就请我再回去兼管。他说如果你不再帮助管理，《明报月刊》可能办不下去了，太可惜了。

实际上当时我好忙，是明窗、明报、明文三家出版社的总经理和总编辑，但毕竟与《明报月刊》有很深的感情，不能眼看着好好一本刊物就这样停办。所以，一九九八年以后，我又重新开始兼《明报月刊》的总编辑、总经理。

了解我的人都知道，我在美国纽约大学(NYU)学习的就是杂志学和出版管理，我就将我所学在《明报月刊》全部施展出来。

《明报月刊》是香港一本非常有影响力的刊物，它的历任主编都是香港的文化名流，每个主编都有不同风格。比如，在胡菊人时期政治性很强；后来在董桥时期文化视野比较广阔；到我任主编的时候，运气很不好，香港所有的文化杂志发行下滑很大，所以，我将新的《明报月刊》定义为泛文化类杂志。关注当下的社会、经济、文化、生活等等方面，加强了与读者的联系，挽救了《明报月刊》当时的危险局面。

余英时先生对当时的杂志定位大力表扬，说《明报月刊》经过改版后，新的刊物定位是一本"有中国情怀的杂志"。在我看来，"文革"已经过去了，我们不能总用过去的眼光来看待内地的问题。特别是改革开放以后，我就将关注点转移向了海外，那里有很多文化人还在关注着中国文化、文学事业。而在国内，也有很多人关注着国外的华人。我们应该打开窗户，看外面的风景，也让别人看看我们的风景啊！只要是跟中国有关的，都是好风光，我们都会关注。

高　杨：那是否有人提出异议，觉得《明报月刊》的关注点太泛，不够聚焦？

潘耀明：的确有人提出过这个问题。在我来《明报月刊》之前，金庸、胡菊人、董桥等人只需关注内容；而我来之后，金庸要求我一面做总编，一面还要当总经理。也就是说，需要我在文化市场中间取得一个平衡，除了保证刊物本身的质量，还要兼顾经营广告、发行，等等。在香港这个地方，一本杂志投放在便利店、书报亭，如果你曲高和寡，只关注文化是根本没办法生存的。所以，我要将它定位为泛文化，不是纯文化。

金庸办《明报月刊》知道要亏本，当时他一心想要做文化产品，所以从一开始，他就打算用《明报周刊》来养活《明报月刊》。那时候《明报周刊》很赚钱，《明报月刊》就算每年亏个三百万，也没什么大不了。而当我做总编的时候，新闻环境不一样了，《明报周刊》也大大不如当年的状态。平面出版也受到网络的冲击，传媒环境也不同于过去，做一本文化杂志也是非常艰苦的。因为本身在海外，这种纯文化杂志的市场越来越萎缩。

《明报月刊》能够维持半个世纪，说老实话，在香港这种地方也实在是一件不得了的事。作为一个主管，不能只管编辑部，要知道市场的定位和市场的动态，你才能坚持下去。我离开的那段时间，《明报月刊》一年亏六百万。后来，他就请我回来了，他只允许每年亏两百万。不过现在我们已经做到了收支基本平衡。以前，《明报月刊》也不允许接广告，但因为《明报月刊》的稿费是最低的，但那时候它是唯一的文化杂志，就是大家意见再多，也很无奈。（笑）后来，《明报月刊》不再是唯一的一本文化杂志了，报纸的副刊也逐渐多了起来。如果一直稿费都很低，也拿不到好稿子啦。（笑）所以，我跟金庸商量说不如加稿费吧。稿费太低跟市场也脱节，在这个时候，我们开始在杂志里进入广告，以此解决了稿费和以前的亏损。

高　杨：这本刊物做得蛮辛苦啊。

潘耀明：香港这个地方压力蛮大的。《明报月刊》最初只有两个人，晚上就睡在公司里面。我们现在发展到两本刊物，包括我在内，也只不过六个人。而且我还兼管经营，还要把关杂志内容，还要写稿，还有两个专栏。我自己还是香港作家联会的会长，还兼任了世界旅游文学联会会长。每两年开一次学术研讨会，我们十一月底开了一个世界文学研讨会，有一百多个学者专家到会。我请了内地的余秋雨、舒婷，还有很多学者。做一件事情，总归还是希望能够把事情做好，尽自己所有的能力，做到无憾。

有时候忙得都没有意识了，但还是咬牙坚持下来。首先是对《明报月刊》的一分感情，另外对上面的老板，对下面的员工，对读者，对作家学者，都有一分责任在里面。

当了二十多年的总编，就一直是这样忙过来的。

我是宋江我怕谁

高　杨：光是刊物、会长，这两份工作已经够忙的了，为什么又开始旅游文学了呢？

潘耀明：我觉得，纯粹的文学跟老百姓的生活，还是有一点距离的。但从旅游文学作为一个入口来推动华语文学，这条路会比较宽。你看旅游文学在国外也非常盛行。我倡导的旅游文学不仅仅是游记，还包括诗歌、小说、散文……只要是旅游题材，都是旅游文学。

你看莫言的小说都是在写高密，高密的地理、风光、风俗、人情，都反映在他的小说里。那黑土地的风貌，本身也是非常具有地域特色的。比如国外的画家作品跟旅游文学也都有很大的关系，从旅游文学这个角度推广华文文学，还更能体现作家本身的风格。王蒙到了九寨沟写了很多文字，很容易在读者中找到共鸣。

还有贾平凹写了那么多跟西安有关的文字，引起全国各地的读者对西安，对老贾的家乡棣花镇的兴趣，由此产生前去游览的心愿。

所以说，旅游文学对现代人来说，还是比较有代入感的。所以，我现在就在做这件事情。其实，我本身并不了解也不熟悉网络，也是通过朋友的帮忙，通过别人的指导，才慢慢接触。

高　杨：我知道除了现在您做的旅游文学，您还在做一本叫《国学新视野》的刊物。

潘耀明：是的。这是一本大型的国学杂志。你知道这些年我跑了很多地方，我发现中国的传统文化，并没有在我们自己的国家里开花结果。相反，在日本、韩国，以及东南亚等很多地方，深深地受到儒家文化的浸染。他们的家庭关系，对国家社会对他人的道义感、集体观念，对父母孝敬，对他人仁爱，都来自中国的儒家文化。

这是国家坚固、社会稳定的基础，这是老祖宗留给我们的精华。所以，我觉得国学是非常重要的。这本刊物要花很多钱，也是有个基金会来找我，请我来做这件事情。我觉得很值得付出一些努力。这本刊物的工作量挺大，每期有二十几万字，我也尽全力去约请海内外汉学家来进行专访，或者请他们来写一些很有价值的稿子。

我希望这本刊物也能够成为汉学研究成果的一个交流平台。实际上，汉学研究在海外是非常发达的，无论是大陆还是香港，都曾有过中断，但海外的学者们从未中断。他们的成就非常辉煌。如果能为汉学研究尽一己之力，对我个人来说也是件非常有意义的事情。

高　杨：综合您所有的事情，有个共性就是：都无法名利兼收。香港有人说：潘先生是香港的宋江。

潘耀明：哈哈哈，这句话是刘再复讲的啦。他也是在一篇文章里写的。因为我的朋友也比较多，而且，我比较喜欢交朋友，一般组稿，作家朋友们也非常愿意帮忙。这几年，我们在《明报月刊》

下，又办了一本文化附册《明报·明艺》，第一期就访问了倪匡，也都是我的老朋友。没办法，在文学的这个范畴内，其实也都是一些道相同、共相谋的朋友，一起在做事情。

高　杨：我知道您已经出版了很多作品集，散文集、随笔集，还有评论。如果您把所有的精力来写作会怎么样？

潘耀明：首先，我学习的是出版专业和杂志学。所以，学以致用是最幸福的事。另外，我以为，写作不能停下来。比如，金庸的第四个理想是退休了写历史小说，可他真的休息下来，反而什么也写不出来了。回头看，他主要的著作都是他在最忙的时候，为生活奔波的时候写出来的。所以，我想写作主要还是要靠坚持。当你真的脱离了现实的生活，你是会有失落感的。

罗孚讲《明报》是金庸的毕生事业。那么他卖掉了《明报》以后，他的心理上非常失落。《明报》是他的孩子，孩子没有了，你要他去专业写作也未必能写出来了。所以，我想我还是需要坚持工作，写作是生活的副产品。

高　杨：您的状态还是在做刊物，在工作当中。

潘耀明：老实讲，文学的事业也不是你想怎么样就怎么样。不是说你要写伟大作品，老天给了你一段属于自己的时间，你就能写得出来，是有很多因缘际会的。莫言得奖，也不是说他只是写，还有很多机遇在里面，比如，他遇到了非常好的翻译家葛浩文，就给了他很大的帮助。

高　杨：那是不是说，在作家和编辑的两个身份当中，您还是非常认可自己的本职身份。

潘耀明：是的。从年轻的时候就在报纸，后来去了杂志、出版社。香港这个社会很现实的，作家不能作为专业，因此你首先要考虑生活问题。不像内地，作家可以作为一个专业，不需要打工，政府会给他们一些生活上的补助。可是在香港没有这回事啊，所以还是要很艰苦。你要从事文化工作，肯定是要承受很多压力。

高　杨：是什么在支撑着您继续走下去呢？

潘耀明：我这个工作真是叫好不叫座。但每个人都有自己的理念吧，我总觉得作为文化人，对社会是有责任的。我从中学毕业，就没想过做个什么别的生意。（笑）

当然，工作生活都有非常艰难的时刻，但我也从没想过要改行，要离开。因为离开了这个行业，我自己也会非常难受。起码在心理上，也没有现在这种满足感。比如萧乾先生，我见到他的时候，他病得好严重，可是还在拼命地写作、研究。你说他又是为了什么呢？他说过，他想将失去的时间抢回来。而我们并没有失去的时间，所以，没有权利去浪费时间。

这一代的学者作家对我影响很大，我从年轻的时候就知道，人应该努力去做自己能做的事情。所以，我都三十多岁了，还要到美国去读书。人生说长也不长，说短也不短。来一趟人世间不容易，尽力去做吧。

高　杨：有很多人说香港是文化沙漠。我的感受是香港的经济压力太大了。您作为一个文化沙漠里的文化人，是否有这种感觉。

潘耀明：过去有很多人在公开场合也都这样说过。也有人这样问过我。但我其实并不这样认为，从文化成就来说，也不是这个样子，香港有最畅销的作家金庸，最有学识的学者饶宗颐教授。

如果说，香港这个环境是文化沙漠，我不否认，因为香港不可能有一个专业作家，稿费养活不了人，也没有这样的社会环境养活专职作家。他们都是白天工作，晚上写稿。这样一种特殊的环境，造成了香港人在很艰难的环境下坚持文化。说老实话，是很艰难的。

但为什么香港这样的环境，还能造就那么多优秀的文化工作者呢？因为香港从来就是一个自由开放的社会，他可以让文化文学自由地发展，自在地表达。世界虽然很大，心灵就会更大。香港的心灵空间大啊！

二〇〇九年，我收到潘先生的邮件，他邀请我去香港参加《明报月刊》的研讨会。很不巧，因为工作内容变动，我没能如约去香港面见他和金庸先生。他在后来发给我的邮件里说：很遗憾，本来希望在香港一聚，希望以后有机会再见。

二〇一二年，我到香港参加笔会，借机前去看望潘先生。其间与谨慎认真的美明小姐多次邮件确认时间与行程。终于，那个清风拂面的傍晚，与潘先生在一家淮扬菜的酒店里相会。多年不见，他依然潇洒儒雅，热情健谈。我请他为我当时所供职的杂志约请香港作家作品，在香港回归纪念日做一期"香港作家作品专号"，他欣然应允。席间他与几位当地的作家热络地聊天，说起了香港娱乐圈里的八卦，笑声不断。其实，我知道他已经非常疲劳地工作一天了。

餐后，他亲自到楼下帮我打车，送我回酒店。他很抱歉地说："高杨，对不起，不能陪你了。因为有一位同事得了癌症，今天晚上，我约了一位中医要去看看他。你知道文化人没什么钱，他很可怜，作为总编我必须要关注他。明天，我又要出差，这一出去不知道要几天才回来，很怕他挺不住……"

我当然是理解的，在香港笔会的几天，我已经大致了解香港这个地方的紧张和压抑，如同潘先生所说的，"在高速路上行驶，你要是放慢了速度一定会撞车。"

　　被时间追赶，和追赶时间，是两种不同的心态，也必然会得出两种不同的人生结果。

张大春：文学是上帝授予的权柄

张大春，华语小说家，祖籍山东济南。好故事、会说书、擅书法、爱赋诗。台湾地区辅仁大学中国文学硕士，曾任教于辅仁大学、文化大学。现任辅大中文系讲师、News98电台主持人。曾获时报文学奖、吴三连文艺奖等。著有《鸡翎图》《公寓导游》《四喜忧国》《大说谎家》《张大春的文学意见》《欢喜贼》《化身博士》《异言不合》《少年大头春的生活周记》《我妹妹》《没人写信给上校》《撒谎的信徒》《野孩子》《寻人启事》《小说稗类》（卷一、卷二）、《城邦暴力团》《聆听父亲》《认得几个字》《大唐李白》等。

2019年4月，担任第二届宝珀理想国文学奖评委会成员。

记得两年前，我惊喜地发现张大春的微博，便下定决心一定要采访他，解开我对他写作中的种种疑问。那时候，张大春的作品并没有被引进到大陆，我只能靠网友们上传的部分篇章来感受这位远在台湾地区的作家文字的魅力。

他的小说，总能让人感受到惊喜，那种狡黠的、顽皮的，游刃有余地陈述，仿佛不仅是看透了文字，更看透了人生。

与他的联系，并不容易。白天他要去电台录制节目，只要开始写作就拒接所有的电话。所以，写了私信给他一周后，他才有空回复，留下电话号码后，人又不见了。大约一个月后，我才接到他的时间安排。于是我兴奋不已、摩拳擦掌，非要好好地跟这位用幽默掩饰悲伤的男人聊一聊。

超越前人其实很难

高　杨：记得您说过，笑是上帝的权柄。回忆您的一些作品和言论，我觉得您是个敢笑的人。

张大春：哈哈，这个话也不是我发明的。米兰·昆德拉在以色列引用了犹太人的一句谚语——人类一思考上帝就发笑。这个是古老的犹太民族的智慧，意思是假设有一个人格的神，超越了人类的智慧，假如我们把这个神假设成有人格的话，那么人类的严肃思考与之相比就会相形见绌。

高　杨：看了您的作品，我觉得您是比较大胆的作家，因为我感觉到您敢于打破一些已有的常规，大陆的评论家说您是先锋作家。

张大春：哦，怎么讲？

高　杨：就我个人而言，看到您的文字似乎每一部都不想落入窠臼里面，总想跳脱出来。似乎您也谈到台湾地区的乡土写作，而您的作品跟他们相去蛮远的。显得很洋气，并且调皮。既不正儿八经，也不墨守成规。

张大春：对我来说，不管是什么形式的写作都分为两个层次，而这两个层次没有高低的问题，只有先后的问题。一是修辞，尽量想办法让一篇文章、一个剧本、一部小说或者诗也好，能符合传统规律，吻合写作惯例，在修辞学的范畴里遵守种种行规。

二是语言策略的层次，在这个层面就显得稍微世故和复杂一些。也不是说它要比修辞学要高明，我特别强调的一点就是往往善于使用修辞学的，或者说熟悉各种行当的修辞学的作者，就会想要利用人们对于修辞常规的熟悉，进行某一种调侃、发明和玩弄，这是两个路数。

我两个路数的作品都有的。无论是吻合常规性的修辞学，或者是跳脱出修辞学以外，进行语言策略的攻坚，依作品而定。前者比较好解释，比如写古诗讲究平仄、讲究韵，讲究声调、对仗……绝古体也不能用近体的声调来写，它都有很严格的分寸。但是假如我们要写打油诗，看起来仍然也像是古体诗的作品，也有平仄对仗，也都不离谱。但一旦你"打油"，有"打油"的意义，我们今天的人都是乱搞，不会写乱写。事实上真正的"打油"，都是借由那些看起来吻合规矩的语言规范,去玩一些不许可或者不常见的词汇和情感。打油诗就是一种语言策略了,那么请问你觉得打油诗看起来高级呢还是近体诗是更高级呢?

看起来近体诗更符合修辞的规范,但打油诗也有它另外一种下手的目的。所以说,语言策略和修辞是两个范畴,我有一种作品,让读者看起来像是合乎某种规范的,但实则不然。可能这些特质,让很多阅读者看着有些不同别人。

高　杨:这两个层面您讲得很清晰,我听明白了,但不知道是不是可以理解为这两个层面都是作家的技巧?

张大春:有人认为技巧只是术,算术的术,法术的术,而不是道。不过我的看法是,人在思考技巧问题的时候,必然也往往会面临意义问题。除了刚开始学习写作,十年二十年之内,不见得能够将术与道贯彻起来,有人写了一辈子也不见得能解决这个问题。但是对自己的写作,随时随地都强烈地怀疑,那就很容易培养出一种能力,就是让什么技巧来具备什么意义,这两件事是有连接的。讲得笼统一点,具有反省力的作者,会把技巧问题也当成一种意义和精神问题,不纯粹只是耍一个花招,或者故意同中求异,或者剑走偏锋。所有的技巧的讲究和掌握,都意味着作者异于他者的一些理解和处理方式。

高　杨:也是您之前说的,任何一种有意义的内容都有一种它自己的形式?

张大春:对,是这样。当然,咱们老讲人类创造文学形式的变化并没有太大,大部分的作者都追求一种安全。这个安全有几个方向,无论是市场类的作家,类型倒向的作家,或者强调个性、艺术性的作家，大家都会有一种安全的考虑，多多少少都会有一些典范。有的典范是人多，有的比较伟大。比如，获得过诺贝尔奖的。（笑）

高　杨： 也就是说，没有完全意义上的独立的一个。

张大春： 对。也不大可能，每个作家都是完全意义上的独立，如果那样子的话，很可能我们就认为它不是文学了。因为文学是有惯例的，这种惯例来自大多数追求安全性的写作者所共同的集体的，哪怕是没有盼头所不约而同建立起来的。但是，需要说明，从个别的体裁去找寻稍不同别人的表达方式，我想是每一个作家都追求的。

高　杨： 当然，我们身边大部分的作家都会延续使用较为安全的写作方式。但是总有一些胆子比较大的作家，对写作做了一些尝试，或者体验。于是，他们往往就会被人从人堆里单独拎出来，比如说您。

张大春： 嘿，我算什么呢？台湾地区有很多作家都做过很多更大胆的尝试。在过去的五十年里，至少有两到三位作家，整本长篇小说不用标点符号。一位是舞鹤，在他之前，还有一位叫王文兴的作家写过一部《背海的人》，如果我没记错的话，中间很多段落里没有标点符号。因为他要处理所谓的意识流，表示人脑的不间断地思考。当然，这也是其中的一个例子。其他的形式就多了，对于读者来说，这样的阅读经验是相当受考验的人。

对于评价保持麻木

高　杨： 是的。那么您也曾有过这样被当作另类的感受，能表达一下那是一种什么样的感受吗？

张大春：我对这种事情没有太多感受。（笑）美国有一位作家叫作 Ayn Rand（安·兰德），她在几十年前就写过一部小说 *Fountainhead*（《源泉》）。我记得里面有一位建筑师和一位建筑批评家对话，那位批评家问建筑师："你觉得我对你的批评如何？"那位建筑师说：我没感觉。哈，这大致就是我的想法。我不太去阅读别人对我的批评。无论是赞美，或者批判，我不太关心这种事情。我写的作品里面也可以看到。

高　杨：这种强大的自信从何而来呢？

张大春：你也可以理解成为强大的没有自信。随便举一个今天发生的例子。大概几小时前，我突然梦里得到几个句子，我也不知道怎么就得到这个，分别是两句仄起的两句诗，也就形成了四个句子。"忽滞吟心不可医，由来或恐欠相思。已从天命辞花事，宁负人情怯约期。三字轻盈应笑我，一身跌宕敢输谁。星河潮渐凭君数，闲看风帘漫等诗。"（见张大春 2012 年 6 月 28 日微博）。完全从空而来。事实上，我对自己的很多创造的来历不源于他人的反应，源起不明，感动或者愤怒、开心的情绪常常会激发我吧。所以，我的创作与任何评价都无关，我也就没有兴趣去关注了。

高　杨：那听说您有两部作品，是被编辑逼出来的，二十六天写出来的《我妹妹》，一经出版就卖得非常火爆。这样短时间高效的创作，是您独有的创作方式么？

张大春：哦，我将《少年大头春的生活周记》《我妹妹》《野孩子》三部连在一起，这三部字数都不多，都很短，实际的工作时间，每一部也就是十几二十天。文章就是这样，你要是想透了，想明白了，坐在那里就可以一直写下去。但当你还没完全想通，那我也有很多文章写一半，扔在那里好几年，再拿起来重新开始。

前不久，我有部书稿，写了两稿，各写了十几万字。多年前，我拿给我太太看看，看完后，她说：我们家还要付房屋贷款，你这个发出来就没办法付款。（笑）过了一段时间，我又写了一稿。直到三个月前，有一个搞书评的人，他做了一本很特别的杂志叫作《短篇小说》，这本杂志每一期就十个一万字的小说，于是，他邀请了十位作家，我就是其中一位，他很客气地到我的 Face book 上来问候，我明白，这是很优雅的催稿。那么我就将那两个十几万字的稿子改组拆装写成了一万余字的《杭城藏王》。

高　杨：哦，很大的工作量，那您这种属于翻旧作咯？您怎么看作家翻旧作这件事呢？

张大春：我觉得这没有什么。对于写作者来说，翻旧作是常有的事，每一部作品都投入过作家相当大的精力和时间，那么在这种基础上，再翻新就会投入更多新的想法和信息。而且，作品本来就是带给人们阅读快感的，如果读者在读作品时，的的确确获得了这种快乐，精神上的愉悦，这与新旧又有多大的关系呢？只不过作家还是需要坚守行业的道德。

高　杨：您提到小说好不好看的问题，小说的市场化和艺术化的问题，我和《收获》总编程永新先生也聊到这个话题。程总编对这件事的看法比较开明，他认为首先要好看，吸引了读者，才能将您自己的艺术性、思想性传达出去。您是作家，同时也是学院派学者，您怎么看这个问题。

张大春：台湾地区二十世纪五十年代到六十年代，文学开始有完整的小规模的独立市场以后，这个问题就被不断地被提出，有很多看起来比较受欢迎的作者始终没有得到过批评界、学术界公开肯定。像琼瑶、三毛等，当然三毛还好。很多市场作家始终不会受到正统文学界的青睐的。相反，得奖无数、备受推崇甚至台湾"国家文艺奖"的获得者，市场份额也就是一两千本、两三千本在卖。

当然，也有意外。比如，高行健获得诺贝尔奖，立刻在台湾地区就能卖到两万本。当然，诺贝尔奖的号召力太大了，无论作品是否好读，大家都会想典藏一本，以示自己对纯粹文学的敬意。我不太明白读者的心态，但不管怎么说，即便是最好的作家，也不见得能写出好看的作品，就算是不好看，他的作品里仍有很多思想性。还有很多作品并不好看，并不易读，也说不定基于某种理由忽然之间被接受被重视。更何况，好看是一个面，就算光是讨论好看，它也还有 greet 和 easy reading、fanny 等等好多层含义。它们每一个都是接近文学的一种方式。阅读本身也是多种心态，可是你回过头来看，这些不同的心态也对文学发生着作用。所以，很难界定好与不好。

坚固的语言无法评判事物

高　杨：有的作家说：我的作品很难读，读起来很晦涩，很多读者都觉得读不懂。但我也不求你读懂，我只是在作品里跟自己对话。而我的作品，存在就是价值。您怎么看这种说法？

张大春：一般我对各种文学意见，为艺术而艺术，为人生而艺术，为载道而艺术，或者纯粹抒情，或为发现自我，我都没有特别强烈的意见，甚至我不觉得我有什么可发表的意见。为什么呢？因为一旦我同意，或不同意，这就意味着，我以后会因为这次的同意或不同意而后悔。因为也许我今天这样想，明天我反省一下，我觉得作品应该有什么样的意义和价值，也许就会变。因为我自己也常常在变化。所以，我不会从大纲领上强调作品的意义。

高　杨：您是否觉得文学的未来不可知，包括您自己的很多文学艺术的观点。您是个多变的人吗？

张大春：首先，我自己的文学观点都曾多次被颠覆，发生过多次的变化。其次，不是我多变，而是这个世界变化太快了。世界的变化，常常影响着我们。我们常常强调普世价值，但就普世价值这件事，其实也是多变的。

比如，一九三三年《东方杂志》提到"梦想中国"应该是什么样子。《东方杂志》发出了四百多条邀请，收到了一百六十多条，最终刊登了一百四十多条。有顾颉刚、林语堂、郑振铎、楼适夷、徐悲鸿这样的名人，也有很多寻常老百姓。这些人的梦想很有意思，有的希望天下大同，有人希望平等自由，我将有一些有意思的统统贴到我腾讯微博里去。现在看起来，当时的人梦想中的中国，与今天相去甚远了。所以，你看，当代世界的变化如此之快，如此之剧烈。我想我们的所谓普世价值，也会随着这种众生喧哗的样态而发生着变化。使得我们不敢用太决断的视角去看待一些问题，也不敢用太坚固的语言去评判事物。

高　杨：我听您讲台湾话，并没有很浓重的原住民口音，您是生在台湾地区吗？您是眷村长大的吗？听说眷村的生活很苦。能讲讲父母对您走入文学有什么影响？您小时候是个什么样的孩子呢？

张大春：我是生在台北，眷村也没有想象中那么艰苦。我们还算是军、公、教，就是有军职的公务人员及教员。在眷村军人比较多，我父亲是国防部里的公务人员，他是文职没有军阶。我们住在眷村里，很像大陆的军区大院。不过军区大院都是住楼房，而眷村都是一家十几平方米的旧式的日式小房子，很小的院子，非常狭小。生活的确是很简陋，至于苦，我真没觉得前半辈子吃了多少苦。的确也没有电视机。生活没有多么丰富，但也绝不是苦。比起现在很多贫困山区里的孩子，我那个时候是幸运得太多了。

我小时候胆子不大，也算蛮乖的。功课算过得去吧。因为父亲比较重视文、史，所以对我也比较重视这方面的训练，从而或多或少，都有影响吧。

高　杨：他对您后来所取得的成就还满意吗？

张大春：从我开始写作以来，我自己是完全不管的。可是，报纸上刊登了什么消息，发表什么文章。哪本杂志发表了什么，都是父亲收集剪贴。哪怕是只有两行，他都会剪下来，做一个说明。所以我的书最后三校都是他校稿，他非常注意一些细节。在我当面，他几乎都没有表扬过一句。对于我的写作，他最常说的就只有一句话：我不管你要写什么内容，要表达什么意思，我只看错别字。（笑）那我也不敢回嘴，不能抗议。

现在我也会跟我的两个孩子说同样的话，可是他们会跟我翻脸。（笑）他们说，你看了错别字就知道意思了。他们宁可挨老师的批评，也不想让我看（笑）。

高　杨：在未来，您希望您的孩子从事文学工作吗？

张大春：我没有这个希望。虽然没有不希望，但也不盼望。现在我女儿也在写小说。当年，两个孩子还很小的时候，我就告诉过他们，你们最好不要写小说，不要从事这样的工作。他们就问我，为什么呢？我就说：你们干吗要做一个只能是第二，不能当第一的工作呢？因为在我们家里，我永远第一。（笑）在外人面前不能讲，在小孩子面前可以讲一讲嘛。（笑）孩子们就很气！（大笑）

其实，我是觉得创作太辛苦，而且，到我的孩子长大成人的时候，写作还是不是一个行业呢？这是个问题。比如说，孩子们三十岁了，那写作还能不能养家糊口，能不能立业呢？这都完全值得怀疑。现在，我们生活的这个时代，所有的纸媒都日渐衰微，所有的创意形式都在扩张，可以用千变万化来形容。再比如，台湾地区现在完全没有杂货店了，大家全进超商（超市）。连以前五步一个杂货店，十步一个五金行都消失了，由此可见，行业是可以消失的。

概念化的一代

高　杨：作为专业作家，您会觉得未来是危险的吗？

张大春：人基于不同训练和素养，他求生的能力不应该只维系在一个行业里。比如，我现在在电台说书，同时也写专栏，写小说。但如果有一天，这些工作都不再做了，我想我还有别的方式去求生。

高　杨：二十世纪七八十年代的时候，大陆作家仿佛更能受到人的尊敬甚至是崇拜。

张大春：如果是鄙视很好啊，那就没人跟你抢饭碗了啊。（笑）股票市场不也这样吗？大家都看好的股票，越卖越贵，最后有可能破产。反而是并没有太多人关注的股票，最后容易大赚一笔。（笑）

高　杨：您怎么想到去说书呢？作家难道不该正襟危坐吗？收听率怎么样？

张大春：我这个人大概一分钟都没有端正过。（笑）就我说书而言，无论我说《东周列国》，说《三言二拍》《水浒传》《西游记》哪怕是《聊斋》我也都"正襟危坐"的。这个毕竟是把在纸本上的文字说出来，越来越无法吸引大众。即使《水浒》《西游记》已经是白话了，但你要一个字一个字照着念，大部分人很快都要睡了。所以，你要想办法带一点讲堂和教育的形式，是个有点教育意义的行为。十三年前，电台来请我做一档节目，我就要求要说书。

二〇一一年一月一日到今天，一直在说一个题目，也就是会在大陆出版的《这就是民国》，这个目前已经写了快三十万字。说了两年，我就是先把这些材料汇集起来，按照时间来讲，个别人物、事件、环境、特别的人物关系。一点一点来讲。

至于收听率，我不太清楚，我听说很稳定，也都是给大众听一听，有时候当作消遣，但其实或多或少还是有点普及和教化的意义在里面。

高　杨：您的《聆听父亲》在腰封上有一句话：一段抢救出来的家族记忆，几代中国人的乡愁与命运。在台湾地区的大陆人，真有很强烈的还乡情节吗？

张大春：那当然是这样的。比我们上一代的人，更是非常强烈。无论大陆也好，台湾地区也好，我们使用的都是同一种语言，同一种文字。那么你在阅读或者与其对话的时候，你没有要"回到"的感觉，因为你从不曾离开，所以不存在回不回去。我们享有同样的文化背景和回忆，这种文化背景不是一天就能形成，更不可能一天就崩溃。

我最喜欢郭德纲先生说的那句话：通县是中国不可分割的一部分。（大笑）是的，你在生活实践里面，每一分每一秒都离不开"中国"二字，我今天听的是相声，下午饭吃红烧牛腩，对不起，这里面每一种调料都是中国的。

中国这么大的一个国家，十几亿人，如果你强行地要给一个统一的概念，可能十几亿人也惶惶然。可是，你完全散开，不讲统一，如何管理呢？从民国以来，中国就有面对列强的问题。

高　杨：好像您也就是近几年才开始和大陆的文化媒体有所联系。

张大春：其实二十几年前我就跟很多大陆的作家交上好朋友了。他们偶尔有机会到台湾地区来，不过我二〇〇七年才第一次到大陆。但因为平时实在太忙了，我现在还在做一部六十集电视剧的总监制。手上还有两个京剧的本子，一部话剧的本子，一部电影的本子。同时在给很多报纸写专栏。所以，并没有太多空余时间外出。阿城、莫言、张炜等人还到台湾地区相当一段时间。这几年，台湾地区去上海比较方便，所以，我跟小宝、毛尖、孙甘路、陈子善来往很多。

高　杨：您是多重身份的一位作家，在台湾地区文化界也很活跃。在您的多重身份中，您认为哪一个身份是您最看重的。您觉得台湾地区作家的创作与大陆作家的方向有什么不同？

张大春：我因为看不惯现在年轻人普遍的不努力用功，所以，多年前我就离开了讲台。现在当然靠写作吃饭，其他也都是写作的副产品，我当然认为我的第一身份是作家。

张大春先生是个风趣的人，与他的谈话是一种愉快的体验。不知不觉进行了两个小时，他依然口若悬河。对于他自己现在从事的这份事业，他表现得极为通达。外人对他的评价似乎从来与他无关，差评与他擦肩而过，好评他也只会礼貌地说声"谢谢"。如果你觉得他没什么原则，只机械地从事自己的职业，拿自己该拿的那份收入，那你就错了。

可以从另一个侧面看到他的力量。那些悄无声息的"爆发"恰恰潜藏在他的作品里。那里有一双充满着智慧和挑衅的眼睛，正窥视着面前这个内心动荡的、一触即发的时代。

看过他小说的人，都能清楚地感受到他在中国古典文学方面的造诣，而他并不拿中国文章作"秀"，虽然有章回小说的影子，却一直有一颗关注当下的心在跳动不止。小说中的一切，生发自然，野蛮生长。生动活泼地如同就在读者眼前。他的多重身份，使他并不把"作家"这个名词困在一个局限里，更帮他为他所描写的世界扩大了维度。

作家必须是丰富的，多情的，张大春也是如此。我相信，他有自己的充满了神秘诡谲的世界。

温亚军：真实的虚构世界

　　温亚军，1967年10月出生，陕西省岐山县人。1984年底入伍至今，曾在新疆服役十六年。现供职北京某部队出版社。著有长篇小说《西风烈》《她们》《鸽子飞过天空》等七部，出版小说集《硬雪》《桃花落》《驮水的日子》《彼岸是岸》等十八部。作品获第三届鲁迅文学奖、第十一届庄重文文学奖、首届柳青文学奖，以及《小说选刊》《中国作家》《十月》《上海文学》等刊物奖。部分作品被翻译成英、日、俄、法等文。

细读了温亚军的小说集《彼岸是岸》，我惊叹于他平实语言背后的巨大力量。他的小说是冷静克制的，鲜见大篇幅地抒情，只是用自己的方式，细细地讲述这个貌似平淡琐碎却缤纷精彩的世界。仿佛一个人，用最平静的语气，讲述着最精彩的故事。

他并不在小说语言里强调自己的籍贯，他甚至不愿意将自己定义为专业作家，不愿意用各种标签抢走读者对小说本身的关注，在我看来这就是一种自信。他只是在小说里构建一个属于他自己的虚构王国，在这个虚构的王国里，表达他真实的思想，他说这是他与读者最真诚的对话。

与温亚军聊天是愉快的，他说自己不会说话，不会修饰语言，早已经把想说的话变成文字写进了小说。但在他铿锵有力的声音当中，除陕西人特有的实在、军人的爽直以外，依然能够感受到作家敏感丰富的内心，以及对小说独到的见解和认识。

好作品需要故乡

高　杨：您是陕西人，在新疆当了十六年兵，现在又住在北京。陕西、新疆、北京，在您心里哪个更重要？又意味着什么？

温亚军：一九六七年十月，我出生在陕西岐山县农村，一九八四年年底，入伍去了新疆。最早在南疆喀什的英吉沙县待了四年，在喀什市五年多，一九九四年底调到乌鲁木齐，在新疆共生活了十六年，二〇〇一年初调到北京至今。可以说，新疆改变了我的命运，我在部队的环境里喜欢上了写作。如果没有新疆的这段经历，我肯定不会写小说。新疆是一个地域特色非常明显的地区，地域特色往往会对一个作家起着决定性作用，如果一个作家的作品中没有属于自己的地域，那么他的作品会像羽毛一样轻。

这三个地方在我生命中都很重要。一个作家的成长过程，离不开他生存过的土地。无论是陕西、新疆，还是北京，对我来说，都给了我生存的土壤，也给了我不同的文学养分，使我对生命和文学都有不同的感受。

高　杨：入伍时您还不满二十岁？

温亚军：一九八四年十一月，我十七岁那年入伍，没想到，在部队一直坚持到现在。其实，我选择当兵只是为了出去长点见识，最好能学会开车，拿到驾驶证，能有个谋生的技艺。可事与愿违，命运不让我走那条路。

高　杨：怎么能接触到文学，是什么引导了您？

温亚军：上学的时候，我就天然地喜爱文字表达，在我们那个不大的乡村学校里，我的作文常常被老师当作范文在课堂上朗读。后来入伍在英吉沙县中队当兵，每天除了正常的上岗、训练、学习、劳动，业余时间不愿与他人打扑克、闲聊，一个人觉得特别没意思，就进入了"地下初级写作阶段"。

英吉沙县是少数民族聚居区，汉族人很少，县里只有一个很小的汉文书店，而且都是旧书。幸好县图书馆有个喜欢文学的管理员，订了不少文学杂志，每两周我才能出一次部队营门，利用外出一个半小时的机会，我去图书馆借杂志。读得多了，心里觉得自己也能写，就这样我默默地开始写作。

开始写出一小篇东西，也只是一点儿感觉，写完自己一读觉得特别差，根本没有勇气给别人看。但是那个年代，是文学狂热期，每个人都想用文字表达自己的内心世界，类似于现在的微信朋友圈。处在那个年龄段，前程又一片茫然，总得有个梦想吧。没准用文学可以改变自己的命运，就这么简单。实践证明，我的命运就是文学改变的。

高　杨：您第一次发表作品是什么时候，是什么？当时的心情，您还能想起来吗？

温亚军：如果从第一次变成铅字算起，应该是一九八七年下半年。八十年代文学热，大家都在写都在投稿，发表就变得特别难。虽然失败了很多次，但我这个人有个特点，打击越多，我就越努力，这大致是陕西人共有的一种性格。后来，我写了一篇看犯人的小说被人推荐，发表在新疆司法系统的《新生报》副刊上，一整版。只是编辑忘记署我的名字了，没法证明是我写的。当时的心情应该是有喜有悲。

当时，我们同年兵一块去的六十多个人，大家公认，我是最不可能走上写作道路的。因为我的文化程度、视野都不可能走下去。但是，我就犯这个犟，大家越是觉得我不行，我就偏要做个样子。我的战友们今天还质问我，为什么要偷偷读书，熬夜写作。我就回答他们，想出人头地呗（笑）。事实证明，坚持下去，就改变了命运。

高　杨：特别想跟您谈谈孤独。年少的时候，您似乎已经尝到了孤独的滋味。还能记得起是如何打发那些难熬的岁月么？在孤独中又是如何观照周遭世界呢？

温亚军：我的少年时代主要是在饥饿中度过的，只想着能吃饱肚子，别的都是小事，所以年少时对孤独的滋味理解是单一的。入伍后，可能才知道什么是真正的孤独吧。我以前是个不善言辞甚至木讷的人，致使我这个人没有一点情趣，也不爱凑热闹，没有人愿意和我交往，我的那些同年兵们曾预言，我是个不会有出息的人。我不认同他们的看法，我要努力变成有出息的人。一个人表面上可以波澜不惊，但内心一定要有狂风暴雨，也就是得憋着一口气，活出个人样来。至于周遭世界，得有自己的理解，但也不能忽略大众的看法，就看你用什么角度去理解属于你的世界了。我觉得，人与人的智商差别都不大，但要拉开距离，就得用好八小时以外。

高　杨：孤独是否也对您的写作起着重要作用。

温亚军：　那是当然。在一个单调重复的环境里，闲暇时间我就开始琢磨身边的事物，考虑写作的题材。中午休息时间，我一个人躲进饭堂，趴在油腻的桌子上写起小说。这样做是要担风险的，怕别人知道，笑我不知天高地厚；午休不在床上，班长会怀疑我违犯纪律不假外出。我一直用写信掩饰着，写一些根本不值得称道的东西，使自己在孤独中寻求一点点慰藉。后来，我当上了饲养员，喂养中队的上百只鸡、几头猪和三匹退役的马，虽然每天照常得参加执勤训练，但是当饲养员，能有一间放饲料的小屋。我在剁猪草的板子上铺了一层塑料布，中午可以关上门放心大胆地写小说了。我曾在那间黑乎乎的小屋里，写过一部十五万字的小长篇。

虽然我认为我的写作并不盲目，是有意识的创作，但还是写了好多废品，走了不少弯路。二○○六年，我在上海读研究生的时候跟同学们讨论过，我坚持认为：如果一个小说计划好了人物命运，故事发展脉络和结局，这个小说注定是要失败的。

小说人物就像一个鬼魂一样跟着你，赶也赶不走，坐在你对面，站在你身边，你睡觉时，在你床头晃。这样写出来的作品，再与之前你的设计完全大相径庭。这个人物活了，他不受你的影响，而是牵引着你的思维，这样你就会得到一个让你意想不到的小说。这一切活动都在你的潜意识里，你无法言说。所以，写作本身是一件孤独而寂寞的事情。

高　杨：您本人的经历也像一部传奇小说。一个穷困地区的少年，去边远地区当兵，居然凭借一支笔将自己写到了首都。我猜想您一定经历了一个长期煎熬的过程。

温亚军：你说得没错。我人生中的每一个过程都异常艰难，包括发表作品、评职称、调级、分房子，包括后来孩子升学工作的问题，都是在数度煎熬折磨下度过的。但是，奇怪的是，经历过这些煎熬折磨，居然最后都能得到一个好的结果。比如，我二〇〇二年元月调到北京，妻子和孩子也要来北京。说老实话，她们俩还没到的时候，我都不知道她们来了要住哪儿。因为孩子必须要经历小学转学考试了，所以不能再等了，得赶紧来北京。那几天我压力特别大，妻子交代女儿，千万别问爸爸咱们去了住哪儿，他肯定压力很大，他不说咱们就不问。结果就在她们来北京的前一天，我们单位突然提前分发单身公寓的钥匙，我莫名其妙就拿上了一套单身公寓的钥匙。在到北京西客站接她们的时候才告诉她们：我们有地方住了。

我在喀什待了九年三个月，被调到乌鲁木齐，但迟迟下不了调令，一拖再拖，拖了一年多才接到调令。结果没想到，后来国家政策规定在三类地区当兵十年以上，子女高考达到分数线可以选择上军校，所以，我女儿现在已经是军官了。我一直认为，人不要怕吃苦，老天看着你呢，他会眷顾你的。

反过来想，我似乎对环境和物质的追求特别简单，在北京住了十几年三十八平方米的房子，直到我女儿上大学后我们才搬到大点的房里。我们一家人对这些东西都不是很在乎，相反在相当艰难的岁月里我们很幸福，也很充实。

文学是虚构的繁华世界

高　杨：您似乎更钟情短篇小说？

温亚军：是的，我觉得短篇小说主要是写感觉的，并不是写故事，而是作家的生活态度。作家将自己对生活的认识赋予人物，借由人物表达出来，而不仅仅是将人物编造在一个离奇的故事里。当下有一些作家，因为热衷于向影视发展，故而把注意力放在故事的编写中。当然，中篇和长篇小说，如果没有精彩的故事也难以支撑。但，中长篇小说的任务也绝不是写故事，而是通过故事塑造人物。

比如，我们看博尔赫斯的短篇小说，很多小说看起来不知所云，不知道作家在说什么，但是经过反复揣摩，就会体味到作家对生活的理解和态度。作品里体现出作家个人的认识，不同于别人的认知，在我看来，这才叫创作。当下很多作品，只看得到作，"创"字却被忽略了。如果把生活照搬到作品里，只做一个讲述者，而不是思考者，这其实也是很大的问题。

前两天我听到一句话，觉得特别好，用来描述短篇小说：短篇小说就是告诉读者一个永远无法到达的终点。如果一部短篇小说仅仅告诉了读者故事的开始、发展，最终告诉你结局，那么这个小说就是失败的。

我觉得小说的语言是第一位的。这就像一个笑话让不同的人来讲，当然是表达能力强的人吸引住了你，而表达枯燥的表述者永远无法吸引更多人的注意。我的看法肯定有很多人不同意，但我坚持认为小说语言是最重要的。

高　杨：现在写作的时候，您在默读的时候，是普通话，还是用陕西话？您对于用地方语言写作怎么看？

温亚军：这个问题我从来没考虑过。我也不默读，只要心里想就行。如果说思维中要写下一个句子，那肯定是普通话，因为我写东西是到部队以后了，部队让讲普通话，在这个群体里，你想问题肯定也是用普通话了。至于用地方语言写作，这倒是个有意思的话题。作品是写给他人看的，首先要让人能看懂，不用做注解多好。当然，如果一些有意思的话题，用方言能起到更好的效果，不妨用方言好了。就是不要太刻意。

高　杨：您是陕西籍作家，陕西籍作家中有很多非常有特点的小说语言，比如贾平凹、陈忠实……等等，常常在小说里用非常有地域色彩的语言来描写和表达，您怎么看这种表达方式？

温亚军：贾平凹早期作品，小说语言中使用商州的俚语和方言，使作品产生了另外一种魅力，是他独有的特色，也是一种很高的境界。之前有个机缘，有人找我将他的小说《秦腔》改成电视剧，我于是又认真地细读了一遍，读得如痴如醉。但是，读完以后，我就致电制片方，告诉他们我当不了这个编剧。

我想制片方之所以找我，就是因为他们认为我是陕西人，能看懂贾老师的文字，但是如果让我将他的小说转变成大众化的表达方式，我是无法完成的。如果改编得不好，那不仅是一次失败的尝试，小说的损失也很大，并且没办法拍摄。

我以前也改编过电视剧，电视剧与小说有很大不同，每一集都需要几个高潮，但是长篇小说很难完成像电视剧那样的剧情设置。一部五六十集的电视剧下来，需要加入很多出人意料的情节，对小说要进行一个很大的改动，想要保持原著的原汁原味是很难的。

再回头说陈忠实老师，他生前与我有交往，现在我也常与他的家人联系。我非常尊重他的为人和作品。

我觉得这两位作家独特的表达都与他们的生活环境有关。我的小说语言形成也一样。在我还是个少年的时候，就从家乡来到了部队，在这里和我打交道的全是来自五湖四海的人，语言南腔北调。这个阶段我又阅读了大量的国外小说，对我影响极大。所以，我很难再回想年少时在家乡的语言，以及思维模式，然后再用小说来表达。

所以，有时候我也考虑，如果用陕西方言来写小说的话，对我来说就有些刻意了。

高　杨：您小说中经常出现很多动物，驴、马、狼……为什么？有什么特别的意义？读者很难忘记您小说里在雪地里那头与您搏斗的狼。

温亚军：那都是编的（笑），要是真的经历了那场搏斗，现在也不能接受你的采访了。(笑)你说到的这些动物，是我爱观照的生物。因为新疆地广人稀，荒凉的地方比较多，我又一直在部队生活，那种孤独无助的状况，体味得就多些。所以，我喜欢把一些人生的情趣赋予动物来表达，这样更有意思。小说是想象的产物，我写的这些动物，还有相关的一些事件，全是我虚构出来的。如果针砭时弊，反应当下社会问题，或是记录生活记录人物，这不是小说要承担的责任。

虚构的小说世界恰恰能最真实地表达作家对世界的认知，虚构太重要了。

高　杨：您笔下常常是一些小人物。您写他们的喜、怒、哀、乐，痛苦的纠缠。您说您这不过是在写自己所看到的世界。您的目光为什么总是停留在小人物身上？

温亚军：因为我就是小人物。我只是在努力写一些自认为认识的世界，也只是我对生活的理解和认识。我的文字所表达的那些环境和人物，不一定是真实的，可是我用心创造出来的。我平时接触的也都是普通人，只能说，我能够心平气和地对待我笔下的这些小人物，让他们成为我小说中的主人公。

高　杨：您是军人，对这个身份您是怎么看？同时您又是作家，您怎么看待自己这个身份呢？他们有什么矛盾吗？

温亚军：军人是我的职业。怎么也没想到，我能在部队待到头发都白了。于生存而言，部队养育了我，使我这样的普通人竟然干到了大校军衔，解决了一辈子的吃饭问题。我一直是业余作家，从来没进过专业队伍，可我调到北京后，一直干着文学杂志的编辑，是我喜欢的职业。其实，写和编一点都不冲突。我写小说从来没影响到工作，在乌鲁木齐时，我养成晚上写作的习惯，当然这不是个好习惯。可白天没感觉，一句也写不出来，只有到了晚上，夜深人静时，许多人物、语言、细节都跳了出来，在我脑子里纠缠。故此，每逢周末的几个夜晚，我都是熬夜到天亮的。所以，我的头发过早地白了。

高　杨：您写小说也写散文，都让人觉得朴实、亲切，却很少有写明具体地点，读者在阅读的过程中，就会一直猜您所写的是哪个地方的故事呢？

温亚军：我主要还是写小说，散文也写了一些，说句实话，我那不叫散文。长期专心于虚构的小说家写不好散文，不是缺乏真情实感，而是不会抒情。散文不能光靠真情、朴实之类来支撑，我觉得，思想和认识才是散文真正的灵魂。好多小说家写的散文都是叙述记忆，或者记录一些事情。我曾与某些小说家讨论过这个问题，他们大多不认同，觉得他们的散文与小说写得一样好。但我有这个自知之明。

小说是虚构的艺术，很多作家都不愿写真实地名，不是担心一些内容有人会对号入座，而是小说一定要有创造，离现实远点，不能太实，包括地名。我作品里的那些地名，尤其是新疆的，是我想象的另一世界，为解决在设置人物与现实世界时碰到不必要的麻烦，在我的作品中，除过喀什这个真实的地名之外，"塔尔拉"和"桑那镇"，是我创造的并不存在的世界，在这个世界里，我任意翱翔，自由自在。那些故事、人物也都不存在，是我虚构出来的。试想，我在新疆时一直在部队那个范围里生活，没与牧民、农村接触过，但我的小说大多是写新疆农村生活的。在我看来，这就是小说了。

文学是可遇不可求

高　杨：作为一个作家，您曾经付出了很多努力和劳动。现在所得到的回报和付出成正比吗？什么支撑着您走了这么久、这么远。

温亚军：我并不觉得付出了什么，只是多了些努力而已。就像许多人说起新疆，认为那里多么艰苦、可怕，当年我在新疆没觉得有多艰苦，生活环境都还可以，唯一使我觉得难以忍受的是距离，回一趟老家路上得走七天，汽车、火车来回得半个月时间。至于写作的得与失，既然喜欢，就得认真对待。除过写小说，我别的也不会呀，还不如努力写呢。恰恰因为写作，我得到的太多了，改变了命运，从新疆走到了北京，还得了那么多的荣誉，出了三十多本书，我很知足。

高　杨：很多作家抱怨，"没人看书""没人买书""文学已死"……您是作家，同时也是编辑，您怎么看待文学在这个时代的颓靡。

温亚军：时代的发展，使文学必然失去更多的读者群，其实这并不奇怪，奇怪的是现在的写作者却一味地去迎合读者，这是很可怕的。文学虽然没有既定的标准，但有一定的规则，我们不能因为市场的需要，而不顾文学的规则。当然，我们写作是得考虑到读者，可不能向市场妥协啊，得有底线。文学的边缘化，使作家声势渐微，这是社会发展的必然，读者不喜欢读文学作品，是有影视、网络吸引了他们的目光，再说，文学本身作为一种消遣品，在人们的精神生活中，位置非常脆弱。还有创作者本身也出了问题，当下的某些作品，为迎合一些人的趣味，努力去制造感官呻吟，这也给文学边缘化起到了推波助澜的作用。

作为编辑，我主管两本杂志，我也不敢怠慢。我绝对没办法对文字说"差不多就行了"，我必须一遍又一遍地反复打磨，折腾了自己也折腾了别人（笑）。其实文学从业者对待文字就如同农民对待土地，下种后，还必须精心地除草、间苗、浇水、施肥……你不认真对待土地，土地也不会有好的收成。跟我同时开始起步写作的很多人，接受教育的程度比我高，机会比我多，条件比我优越的人多了，但为什么写不出好作品，就是因为不认真。

高　杨：想过再获奖吗？

温亚军：没有。这不是我要考虑的事情，我从来也没有为这个事情耗费一丝一毫的精力。比起追求奖项，对于我来说更大的快乐是阅读。前段时间我又拿出托尔斯泰三部曲，认真地阅读了一遍，给我带来很大的快乐。

高　杨：想过自己的作品被改编成电视剧吗？

温亚军：我有部长篇被买走了改编权，但是现在还没有搞出来。我也参与过改编电视剧。对于小说家来说，这应该算是两个行当，挺痛苦的。作品能上大银幕、小屏幕，对作家来说肯定是好事，一则可以带来可观的收入，二则很容易提升知名度。但是，也并不是所有的小说都适合改编影视剧。

高　杨：未来您对自己，对写作还有什么期许？

温亚军：我很少给自己制定计划，怕完成不了造成压力。而且，好小说是可遇而不可求的，逼迫自己写出的东西，不尽然能表达出自己的意愿。我的生活就是三大块，一是少年时陕西农村给我的记忆；二是参军后新疆部队的生活；三是来到北京后的经历。就是这些，我不愿意重复式地写作，翻来覆去没有新鲜的东西。写一篇与写一百篇，有什么区别呢？还是那些认识，还是那些见解，换个人名和地点，利用自己的一点儿知名度到处发表，混个存在感，有什么意思呢？与其如此，不如不写。

所以，我对自己没有期许，不给自己的创作套上枷锁。

与智者聊天，时间过得特别快，何况一位不屑于说假话、说虚话的智者。温亚军乡音无改，语言中依然保持着浓重的陕西西府口音，听起来很亲切。他谈话与他的小说一样，没有任何矫饰，平实而富有质感。

军人特有的直脾气，使他常常觉得累和无奈。谈到写作，他承认自己先天不足，但也非常坚定地认为坚持、努力、锲而不舍使他改变了命运。他拒绝承认自己是成功的，总说离成功还太遥远。但作为一个从陕西乡村里走出的少年，凭借个人勤奋获得今天的成绩，已经很满足了。

谈到编辑这份职业，他说"我这个人善于坚持，我愿意用自己的坚持、努力，做好工作，在我的文字世界里没有'差不多'这三个字，只有一遍遍，一次次，精益求精"。

因为长年写作熬夜，他头发已经花白了，腰椎和颈椎也有严重的问题。但在与他谈话中，我依然能够感受到那份饱满的激情，对文学的，对世界的。

驮水的日子

上等兵是半年前接上这个工作的。这个工作其实很简单，就是每天赶上一头驴去山下的盖孜河边，往山上驮水。全连吃用的水都是这样一趟一趟由驴驮到山上的。

在此之前，是下士赶着一头牦牛驮水，可牦牛有一天死了，是老死的。连里本来是要再买一头牦牛驮水的，刚上任的司务长去了一趟石头城，牵回来的却是一头驴。连长问司务长怎么不买牦牛，司务长说驴便宜，一头牦牛的钱可以买两头驴呢。连长很赞赏地对司务长说了声你还真会过日子，就算认可了。但他们谁也没有想到，这驴是有点脾气的，第一天要去驮水时，就和原来负责驮水的下士犟上了，驴不愿意往它背上搁装水的挑子，第一次放上去，就被它摔了下来。下士偏不信这个邪，唤几个兵过来帮忙硬给驴把挑子用绳子绑在了身上，驴气得又跳又踢。下士抽了驴一鞭子，骂了句：不信你还能犟过人。就一边抽打着赶驴去驮水了，一直到晚上才驮着两个半桶水回来，并且还是司务长带人去帮着下士才把驴硬拉回来的。司务长这才知道自己图省钱却干了件蠢事，找连长去承认错误并打算再用驴去换牦牛。连长却说还是用驴算了，换来换去，要耽搁全连用水的。司务长说这驴不听话，不愿驮水。连长笑着说，它不愿驮就不叫它驮了？这还不乱套了！司务长说，哪咋办？连长说，调教呗！司务长一脸茫然地望着连长。连长说，我的意思不是叫下士去调教，他的脾气比驴还犟，是调教不出来的，换个人吧。连长就提出让上等兵去接驮水工作。

上等兵是第二年度兵，平时沉默寡言，和谁说个话都会脸红，让他去调教一头犟驴？司务长想着驮水可是个重要岗位，它关系着全连一日的生计问题，这么重要的工作交给平时话都难得说上半句的上等兵，他着实有点不放心。可连长说，让他试试吧。

上等兵接上驮水工作的第一天早上，还没有吹起床哨，他就提前起来把驴牵出了圈，往驴背上搁装水的挑子。驴并没有因为换了一张生面孔就给对方面子，它还是极不情愿，一往它身上搁挑子就毫不留情地往下摔。上等兵一点也不性急，也不抽打驴，驴把挑子摔下来，他再搁上去，反正挑子两边装水的桶是皮囊的，又摔不坏。他一次又一次地放，用足够的耐心和驴较量着。最后把他和驴都折腾得出了一身汗，可上等兵硬叫驴没有再往下摔挑子的脾气了，才牵上驴下山。

连队所在的山上离盖孜河有八公里路程，八公里在新疆就算不了什么，说起来是几步路的事。可上等兵赶着驴，走了近两个小时，驴故意磨蹭着不好好走，上等兵也是一副不急不恼的样子，任它由着自己的性子走。到了河边，上等兵往挑子上的桶里装满水后，驴又闹腾开了，几次都把挑子摔了下来，弄得上等兵一身的水。上等兵也不生气，和来时一样，驴摔下来，他再搁上去，摔下来，再搁上去。他一脸的惬意样惹得驴更是气急，那动作就更大，折腾到最后，就累了。直到半下午时，上等兵才牵着驴驮了两半桶水回来了。连里本来等着用水，司务长准备带人去帮上等兵的，但连长不让去。连长说叫上等兵一个人折腾吧，人去多了，反倒是我们急了，让驴看出我们拿它没有办法了，不定以后它还多嚣张呢。

上等兵回来倒下水后，没有歇息，抓上两个馒头又要牵着驴去驮水。司务长怕天黑前回不来，就说别去了。可上等兵说今天的水还不够用，一定要去。司务长就让上等兵去了。

天黑透了，上等兵牵着驴才回来，依然是两半桶水。倒下水后，上等兵给驴喂了草料，自己吃过饭后，牵上驴一声不吭又往山下走。司务长追上来问他还去呀？上等兵说今天的水没有驮够！司务长说，没够就没够吧，只要吃喝的够了，洗脸都凑合点行了。上等兵说，反正水没有驮够，就不能歇。说这话时，上等兵瞪了犟头犟脑的驴一眼，驴此时正低头用力扯着上等兵手里的缰绳。司务长想着天黑透了不安全坚决不放上等兵走，去请示连长，连长说，让他去吧，对付这头犟驴也许只能用这种方法，反正这秃山上也没有野兽，让他带上手电筒去吧。司务长还是不放心。连长对他说，你带上人在暗中跟着就行了。

上等兵牵着驴，这天晚上又去驮了两次水，天快亮时，才让驴歇下。

第二天，刚吹了起床哨，上等兵就把驴从圈里牵了出来，喂过料后，就去驮水。这天虽然也驮到了半夜，可桶里的水基本上是满的。一连几天都是如此，如果不驮够四趟水，上等兵就不让驴休息，但他从没有抽打过驴一鞭子。驴以前是有过挨抽的经历的，不知驴对上等兵抱有知遇之恩，还是真的被驯服了，反正驴是渐渐地没有脾气了。

连里的驮水工作又正常了。

连长这才对司务长说，怎么样，我没看错上等兵吧，对付这种犟驴，就得上等兵这样比驴还能一磨到底的人才能整治得了。

上等兵就这样开始了驮水工作。他和驴彼此越来越对脾气了，他说走驴就走，说停驴就停，配合得好极了，他就觉出了驴的可爱来，就给驴起了个"黑家伙"的名字。上等兵起这个名字，是受了连长的影响。连长喜欢叫兵们这个家伙那个家伙的，因为驴全身都是黑的，他就给它起了"黑家伙"。虽然驴不是兵，但也是连队的一员，也是他的战友之一，当然还是他的下属。这个名字叫起来顺口也切合实际。

上等兵就这么叫了。

上等兵每天赶上"黑家伙"要到山下去驮四趟水，上午两趟，下午两趟，一次是驮两桶水，共八桶水，其中四桶水给伙房，另外三桶给一、二、三班，还有一桶给连部。一般上午驮的第一趟水先给伙房做饭，第二趟给一班和二班各一桶，供大家洗漱，下午的第一趟还是给伙房，第二趟给三班和连部各一桶。这样就形成了套路，慢慢地，"黑家伙"就熟悉了，每天的第几趟水驮回来给哪里，黑家伙会主动走到哪里，绝不会错，倒叫上等兵省了不少事。

有一天，上等兵晚上睡觉时肚子受了凉，拉稀，上午驮第二次水回来的路上，他憋不住了，没有来得及喊声"黑家伙"站下等他，就到山沟里去解决问题了。待他解决完了，回到路上一看，"黑家伙"没有接到叫它停的命令，已经走出好远，转过几个山腰了。他赶紧去追，一直追到连队，"黑家伙"已经把两桶水分别驮到一班和二班的门口，兵们都把水倒下了，"黑家伙"正等着上等兵给它取下挑子，吃午饭呢。

司务长正焦急地等在院子里，以为上等兵出了什么事，还想着带人去找呢。

有了第一次，上等兵就给炊事班打招呼，决定让驴自己独自驮水回连。

上等兵每天在河边只负责装水，装完水，他就很亲热地拍拍"黑家伙"的脖子，说一声黑家伙，路上不要贪玩。"黑家伙"用它那湿湿的眼睛看一看上等兵，再低低叫唤几声，转身便又向连队走。上等兵再不用每趟都跟着"黑家伙"来回走了。

为了打发"黑家伙"不在身边的这段空闲时间，上等兵带上了课本，送走"黑家伙"后，便坐在河边看看书，复习功课。上等兵的心里一直做着考军校的梦呢。复习累了，他会背着手，悠闲地在草地上散散步，呼吸着盖孜河边纤尘不染的新鲜空气，感受远离尘世、天地合一的空旷感觉。在这里，人世间的痛苦与欢乐，幸福与失落，功利与欲望，都像是融进了大自然中，被人看得那样淡薄。连"黑家伙"也一样，本来充满了对抗的情绪，却慢慢地变得充满了灵性和善意。想到"黑家伙"，上等兵心里又忍不住漫过一阵留恋。他知道，只要他一考上军校，他就会和"黑家伙"分开，可他又不能为了"黑家伙"而放弃自己的理想。上等兵想着自己不管能不能考上军校，他迟早都得和"黑家伙"分开，这是注定的，心里好一阵难受。

这年夏天，已晋升为下士的上等兵考取了军校。接到通知书的那天，连长对上等兵说，你考上了军校，还得感谢"黑家伙"呢，是它给你提供了复习功课的时间，你才能考出好成绩高中的。

上等兵激动地点着头说，我是得感谢"黑家伙"。他这样说时，心里一阵难过，为这早早到来的他和"黑家伙"的分手，几天都觉得心里沉甸甸的。临离开高原去军校的那一段日子里，他一直坚持和"黑家伙"驮水驮到了他离开连队的前一天。他还给"黑家伙"割了一大堆青草。

走的那天，上等兵叫"黑家伙"驮着自己的行李下山，"黑家伙"似乎预感到了什么，一路上走得很慢，慢得使刚接上驮水工作的新兵有点着急了，几次想动手打它，都被上等兵制止了。半晌午时才到了盖孜河边，上等兵给"黑家伙"背上的挑子里最后一次装上水，对它交代一番后，看着它往山上走去，直到"黑家伙"走出很远。等他恋恋不舍地背着行李要走时，突然听到熟悉的驴铃声由远及近急促而来。他猛然转过身，向山路望去，"黑家伙"正以他平时不曾见过的速度向他飞奔而来，纷乱的铃铛声大片大片地摔落在地，"黑家伙"又把它们踏得粉碎。上等兵被铃声惊扰着，心却不由自主地一颤，眼睛就被一种液体模糊了。模糊中，他发现，奔跑着的"黑家伙"是这凝固的群山唯一的动点。